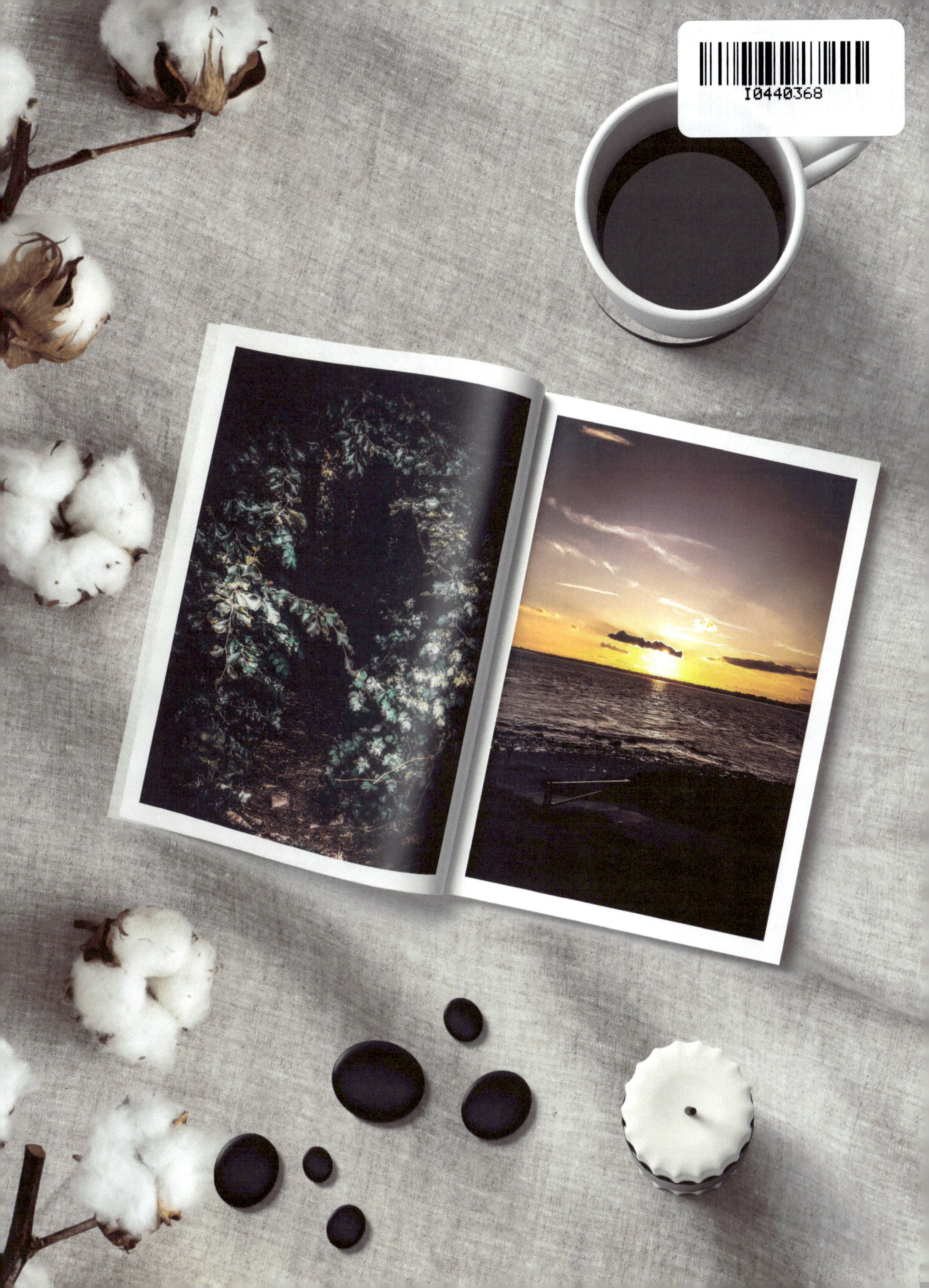

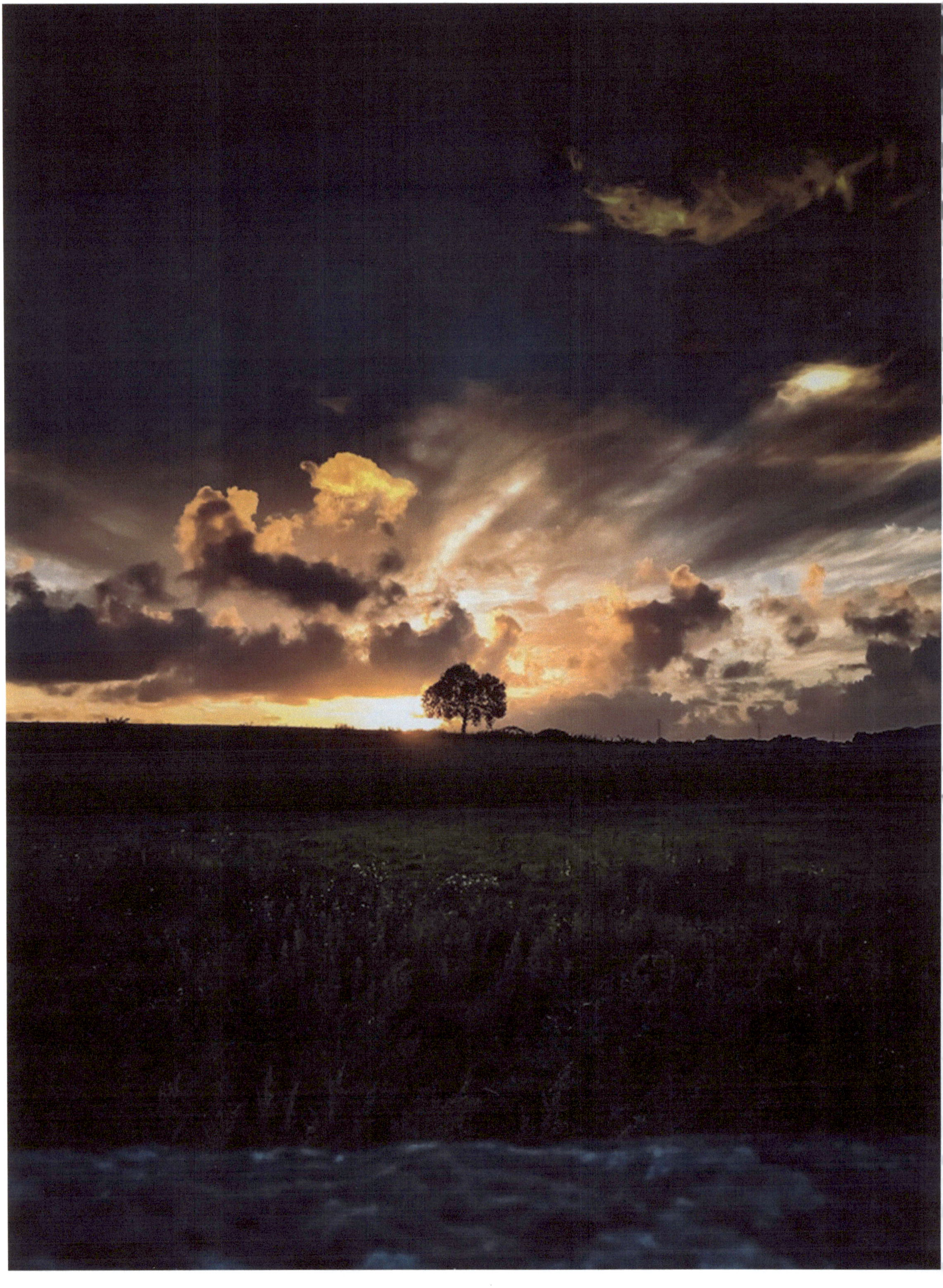

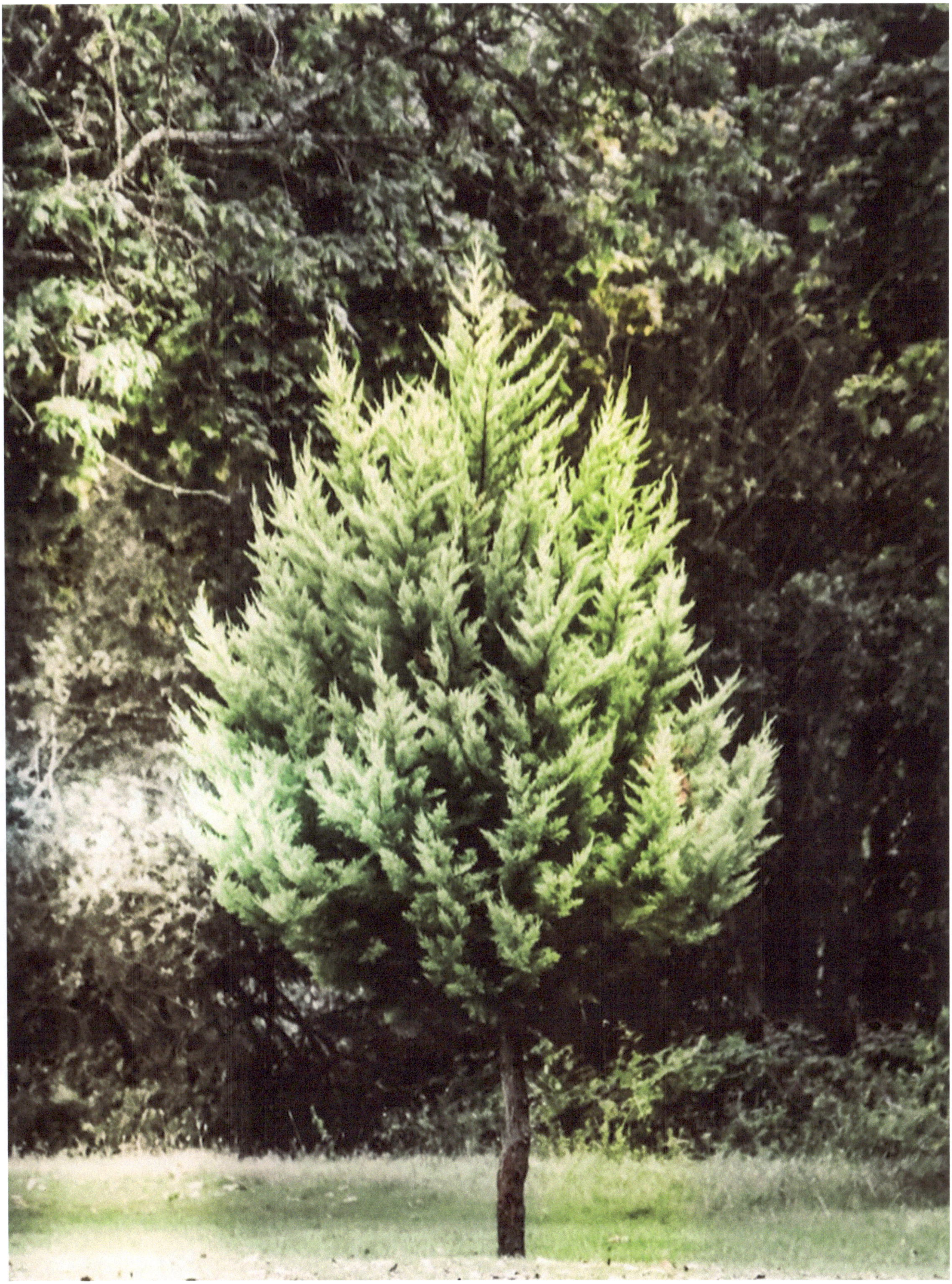

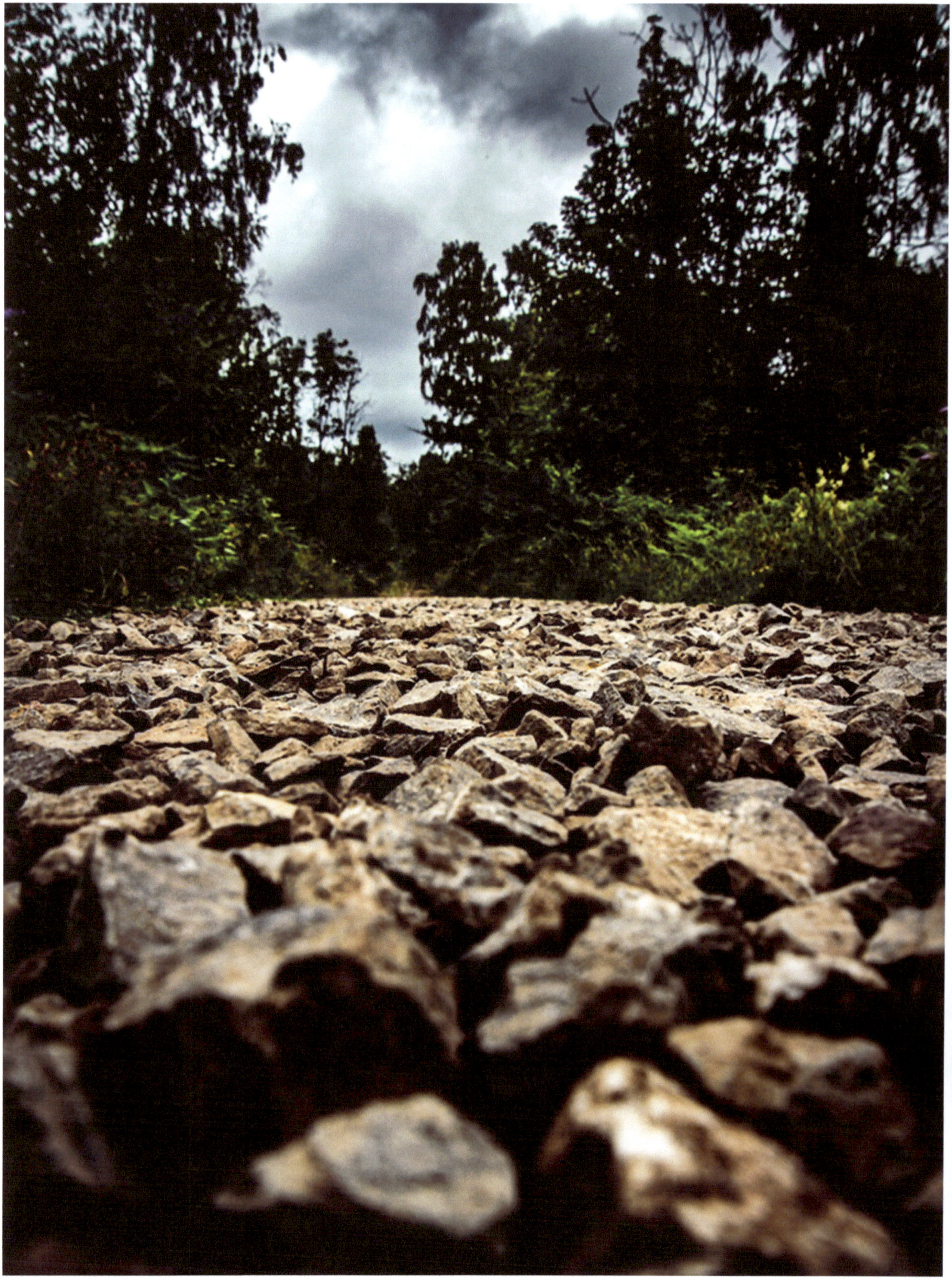

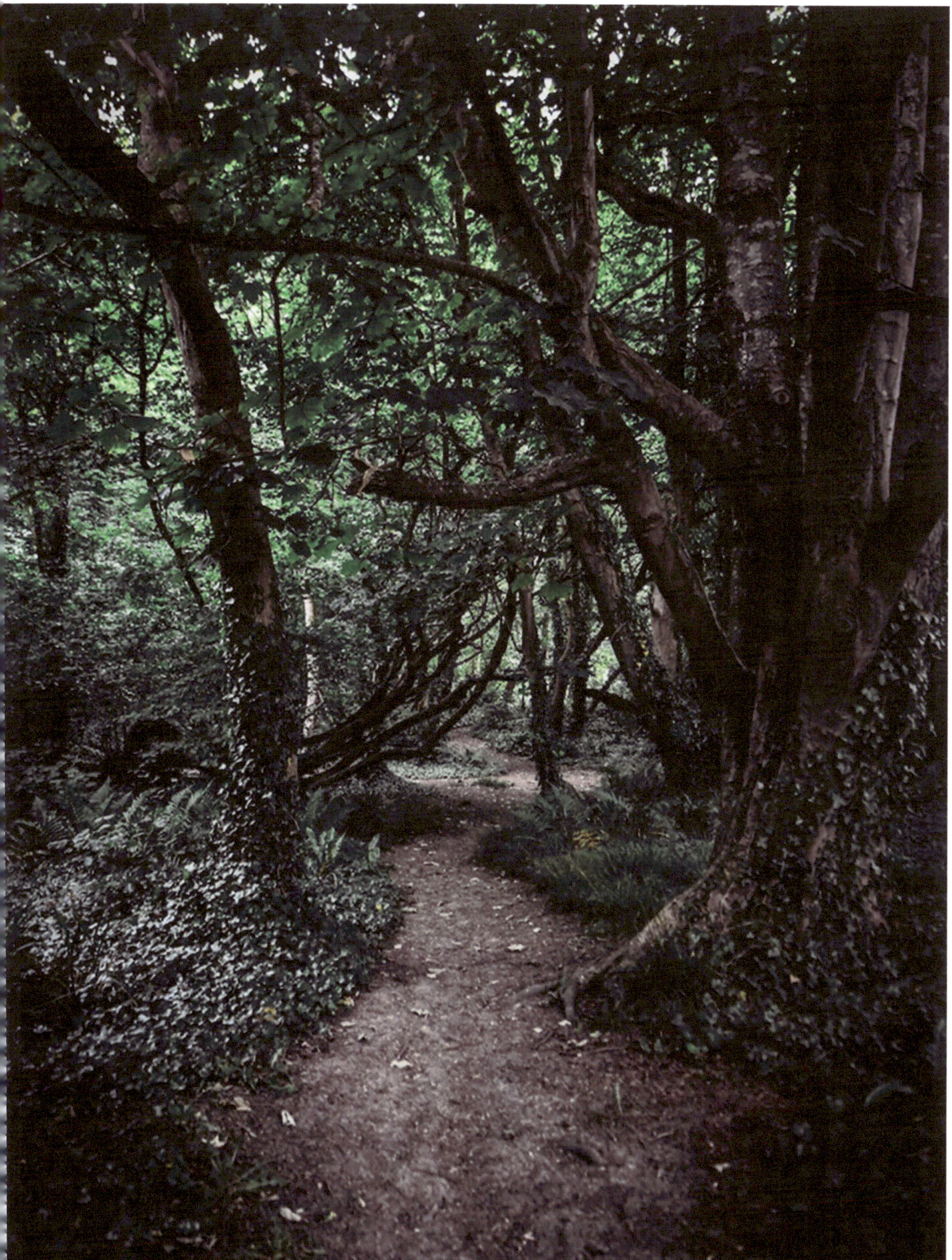

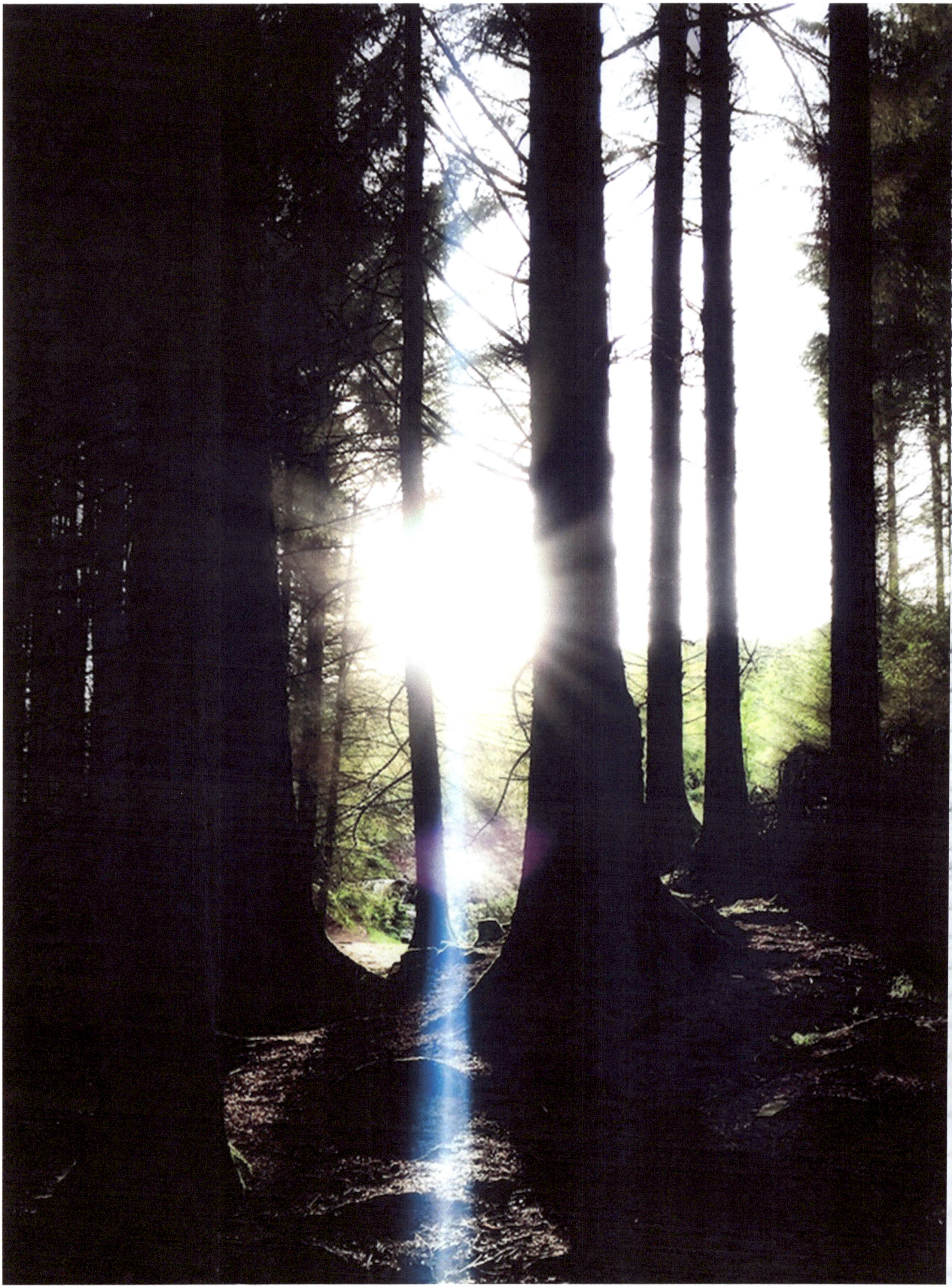

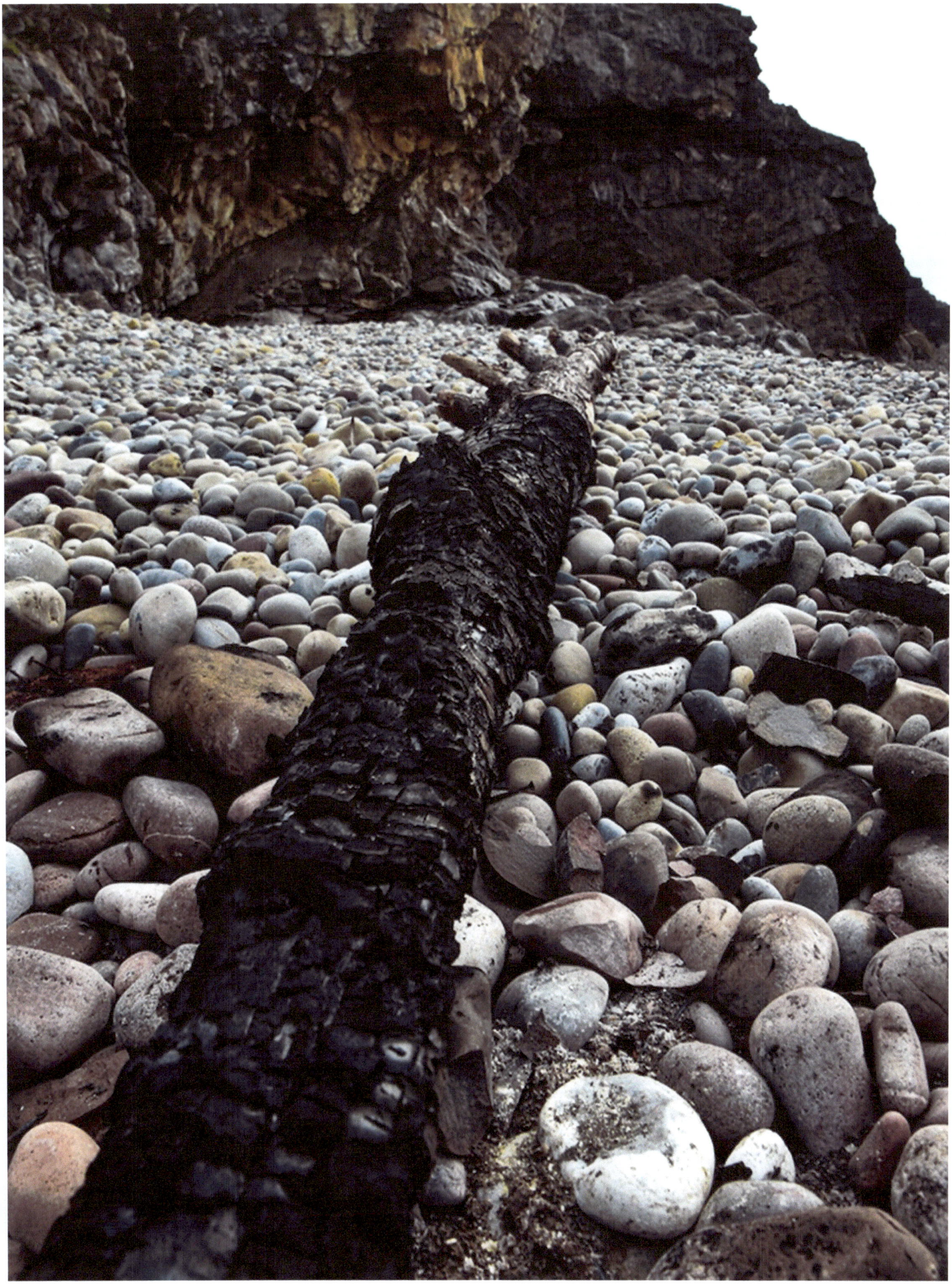

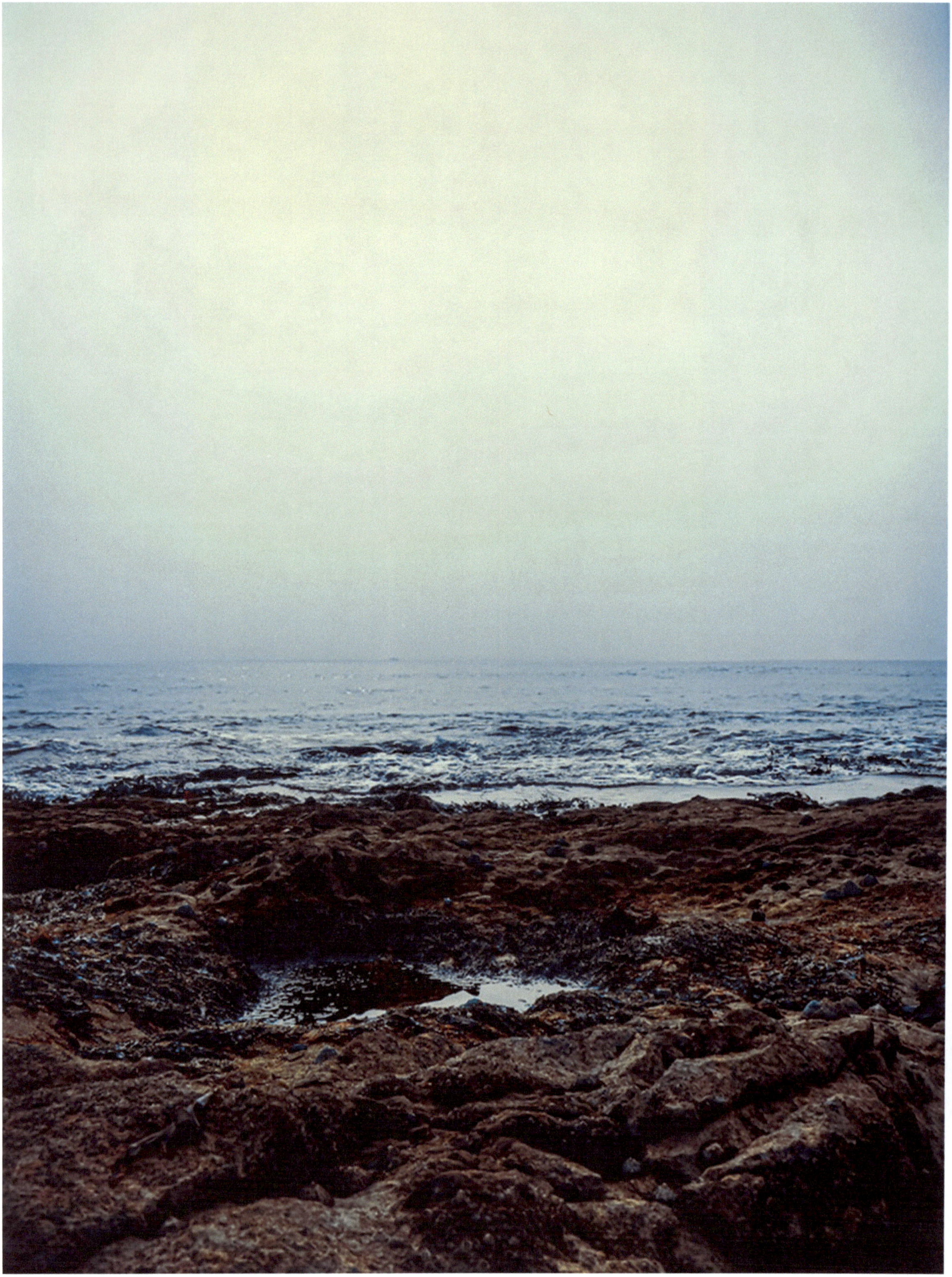

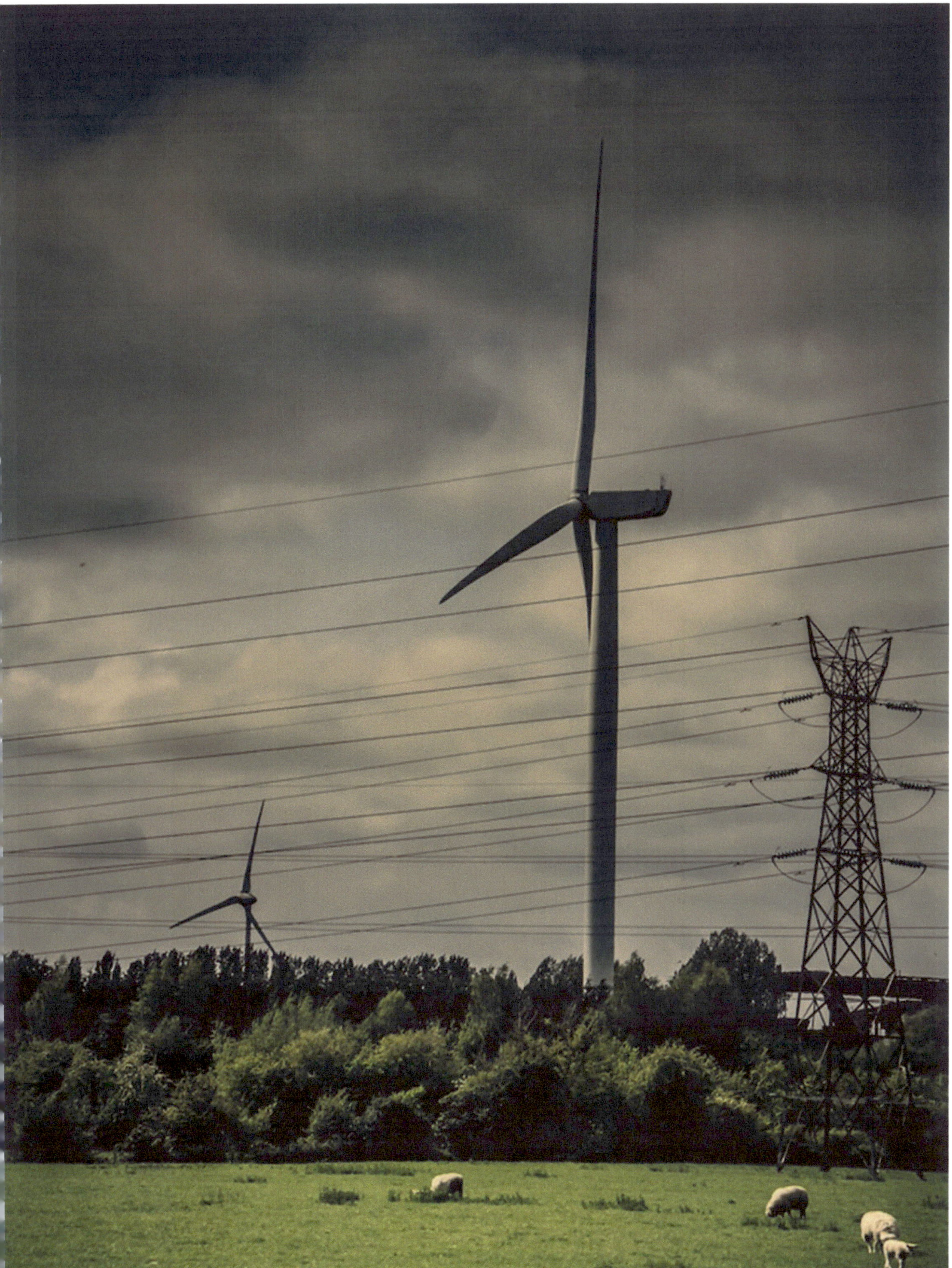

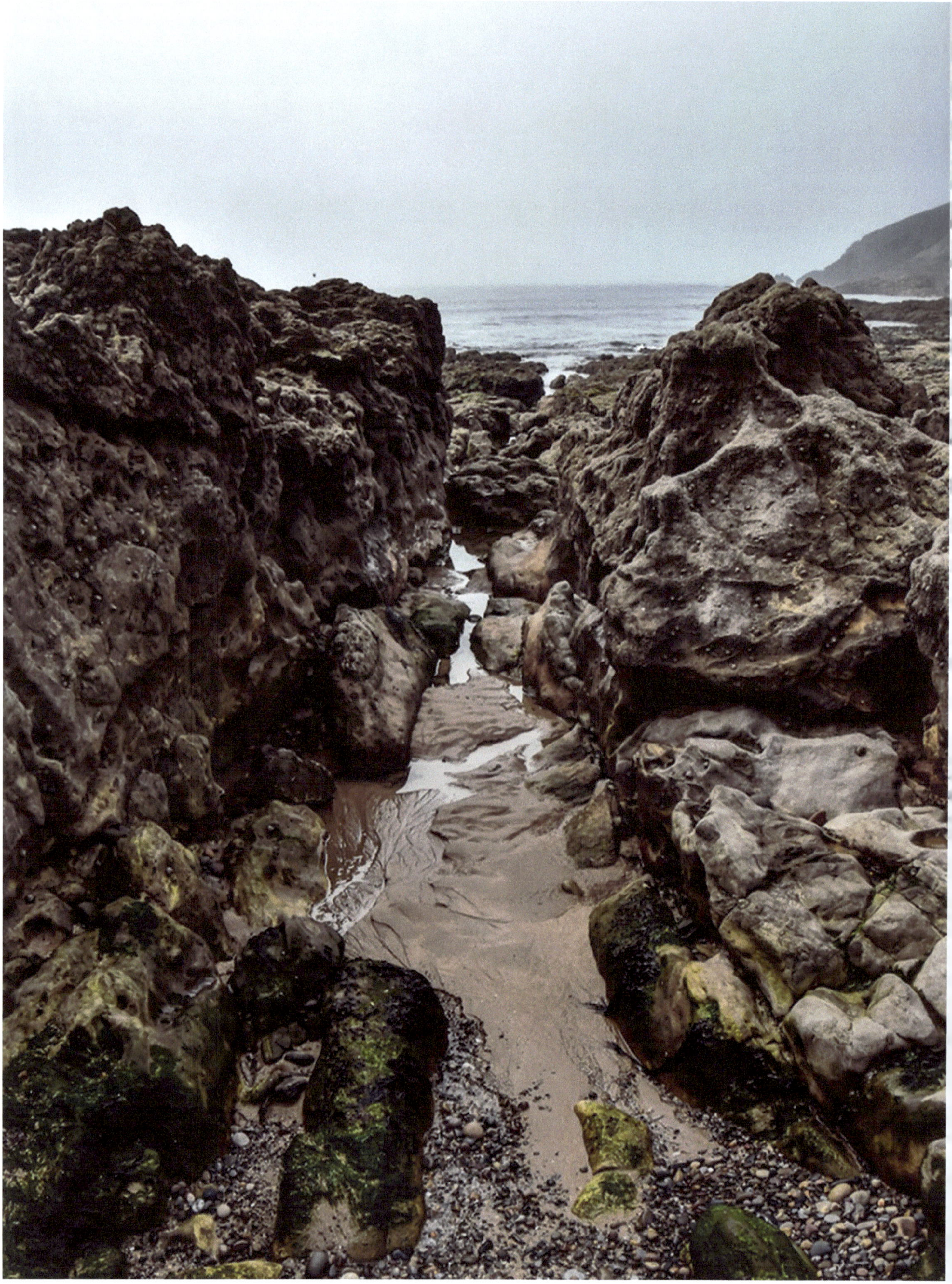

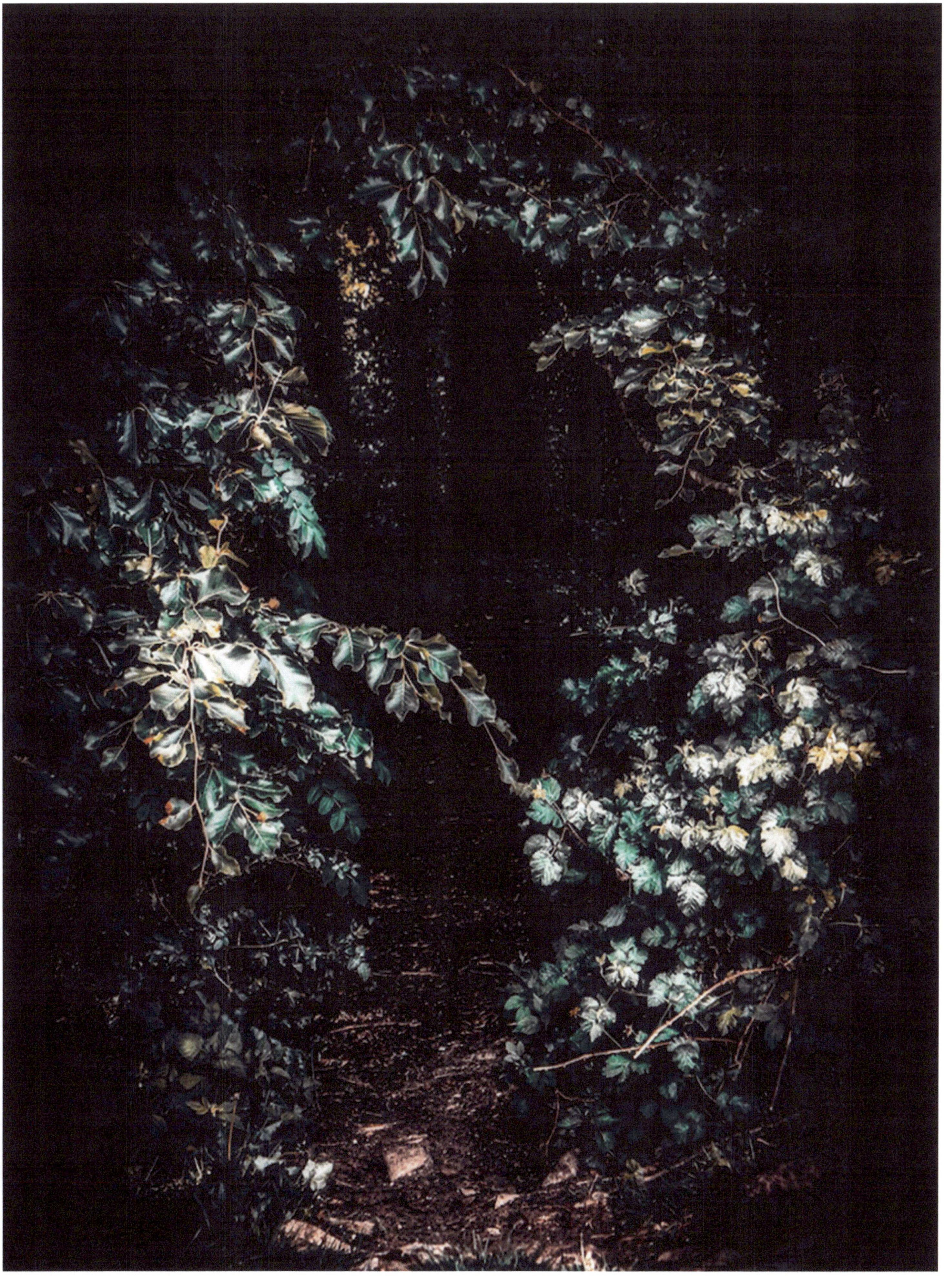

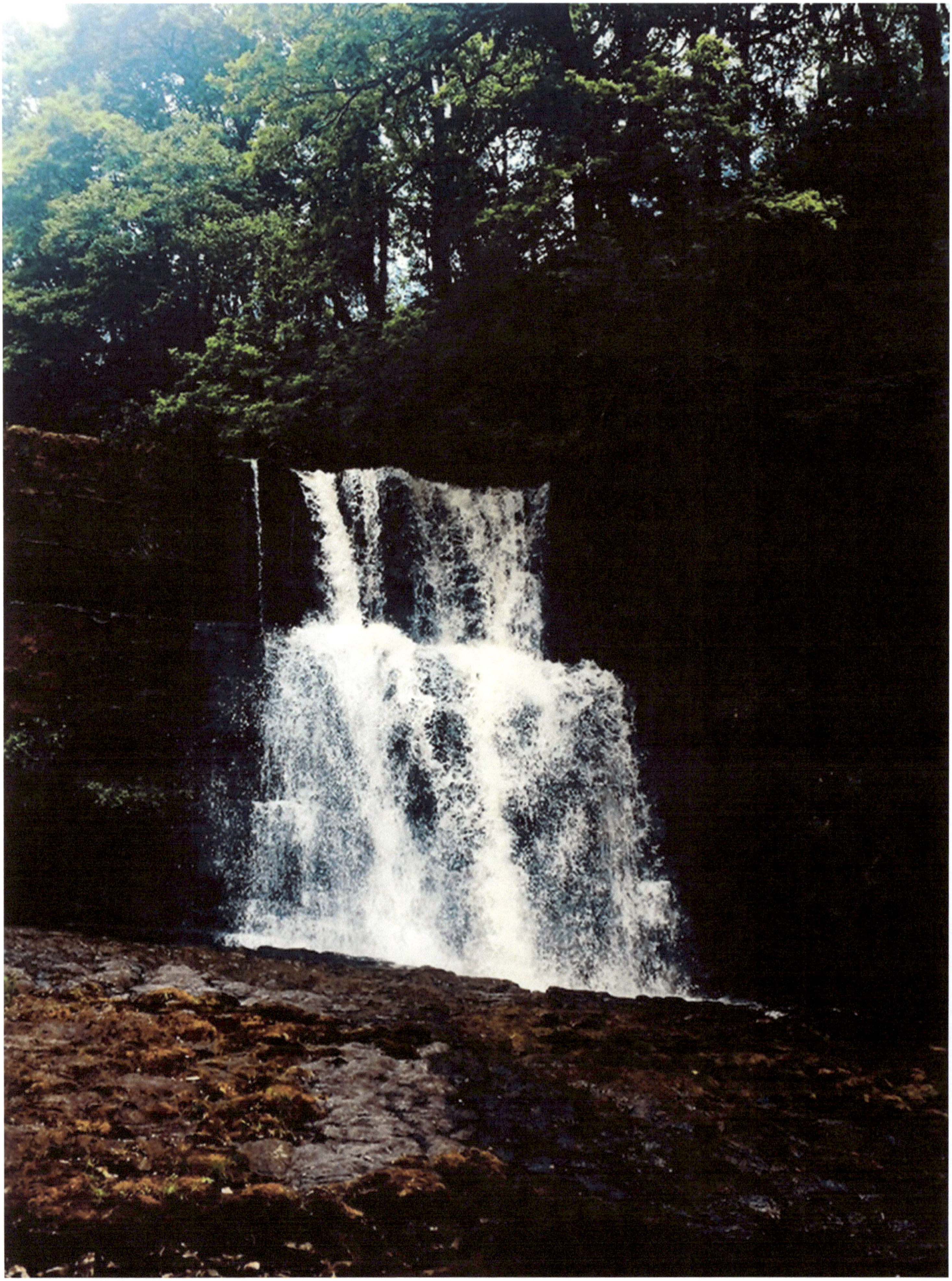

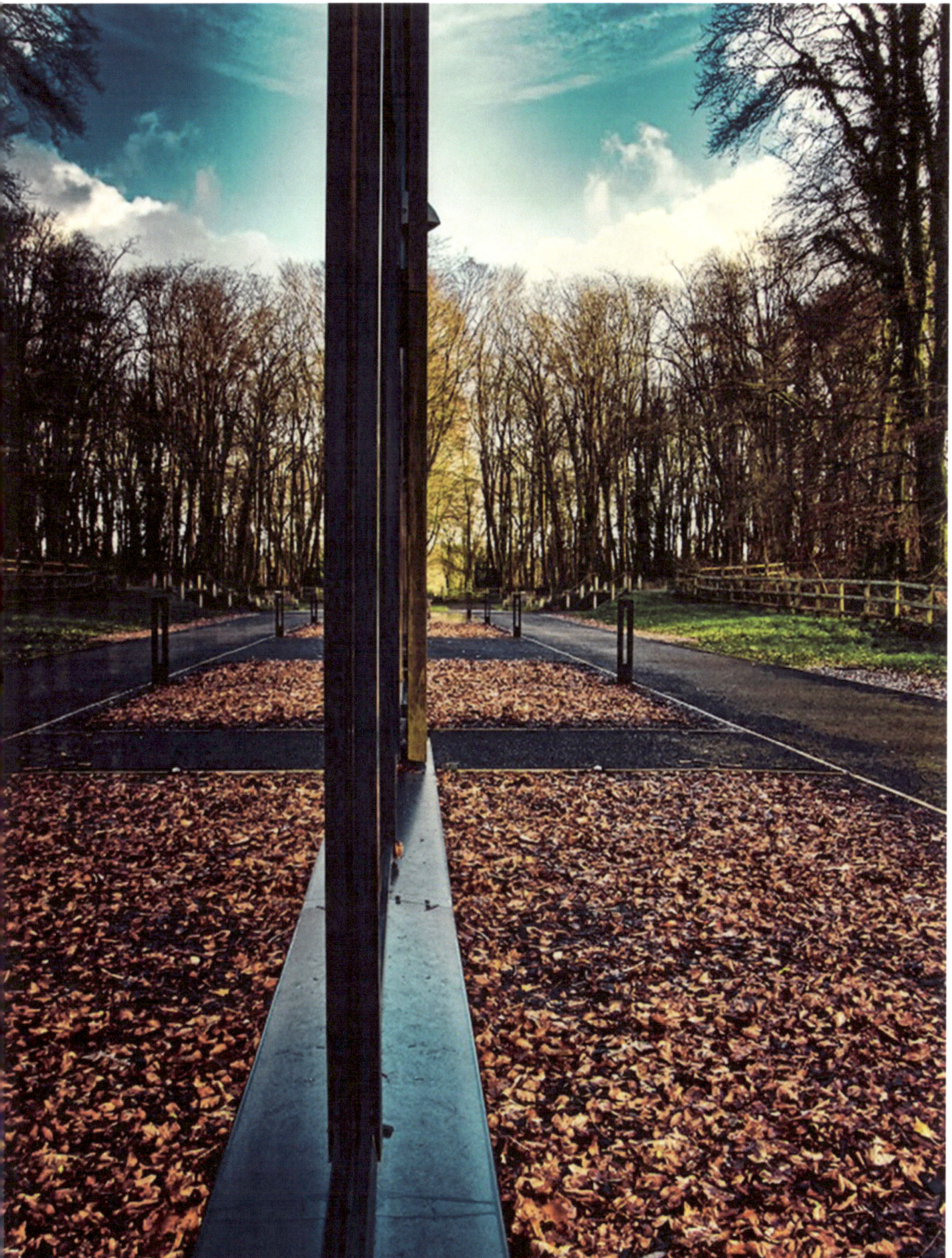

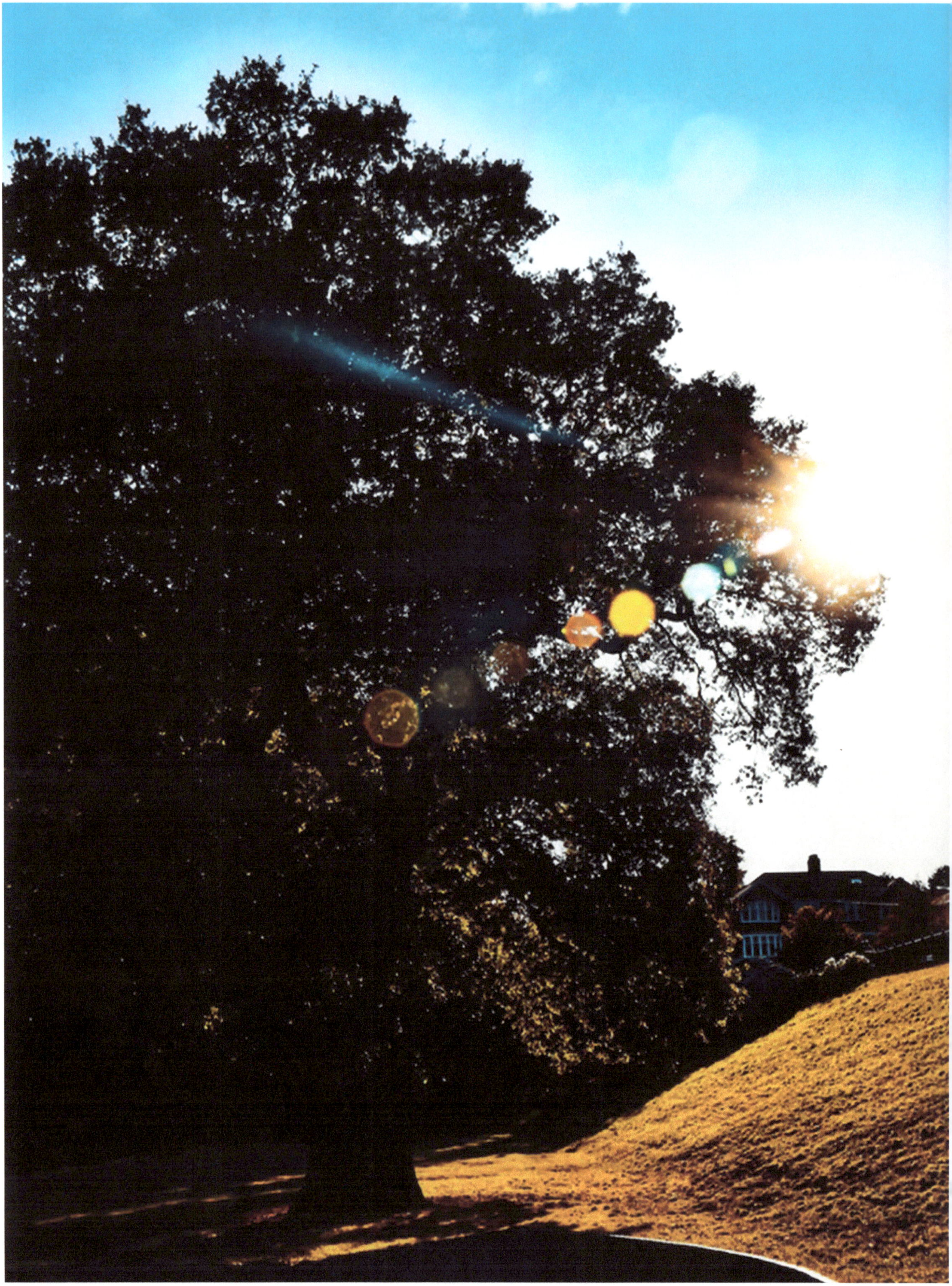

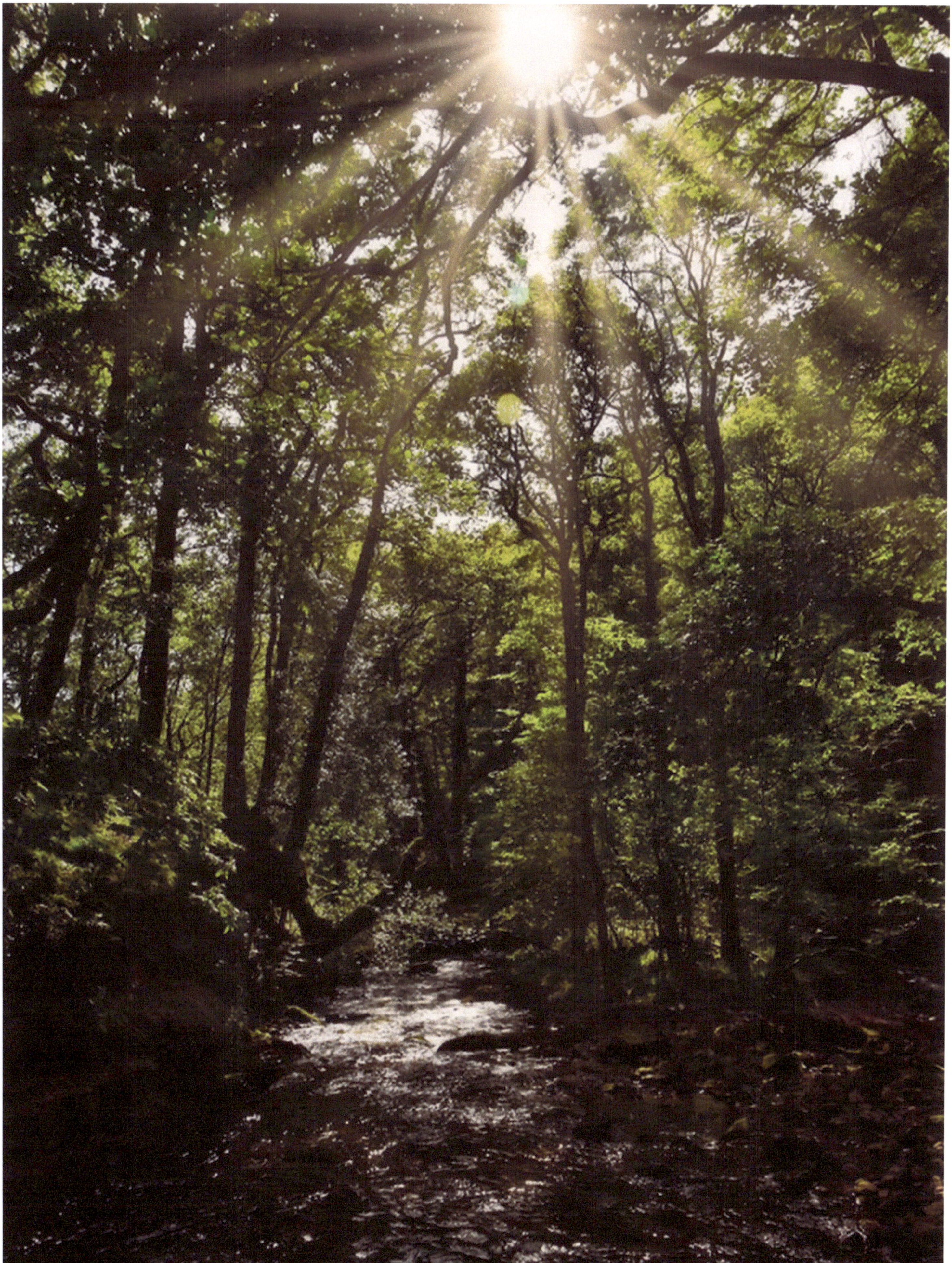

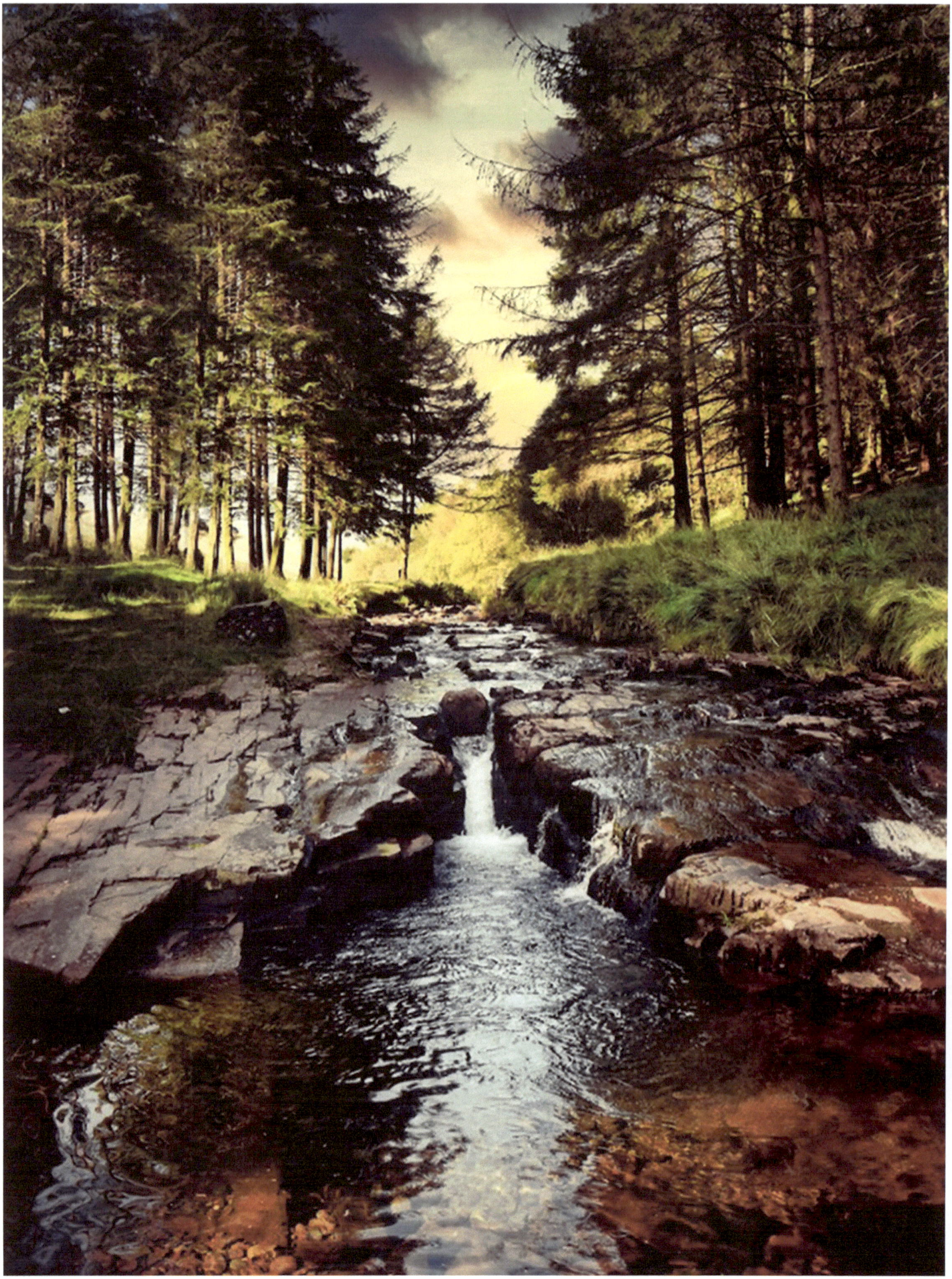

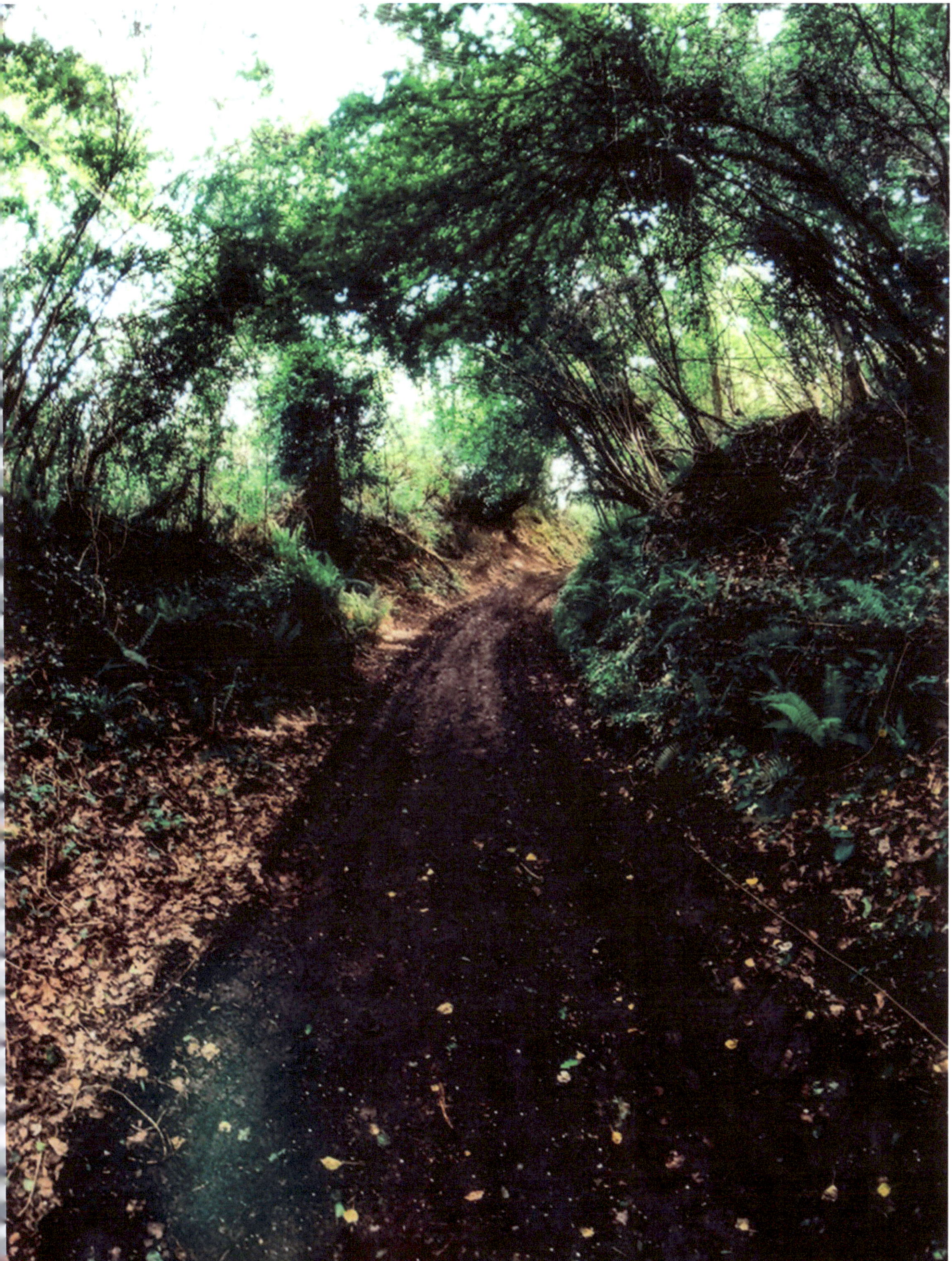

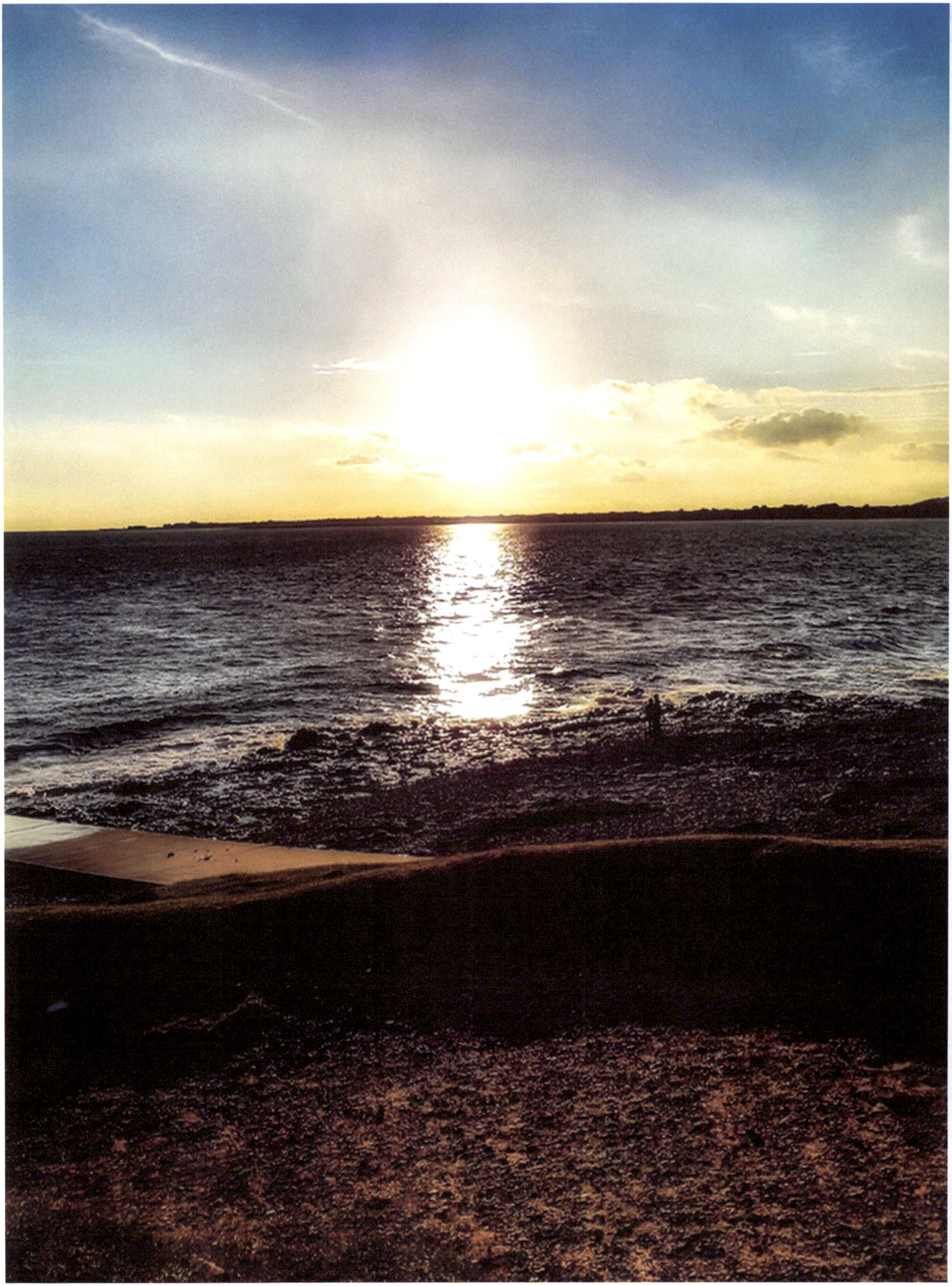

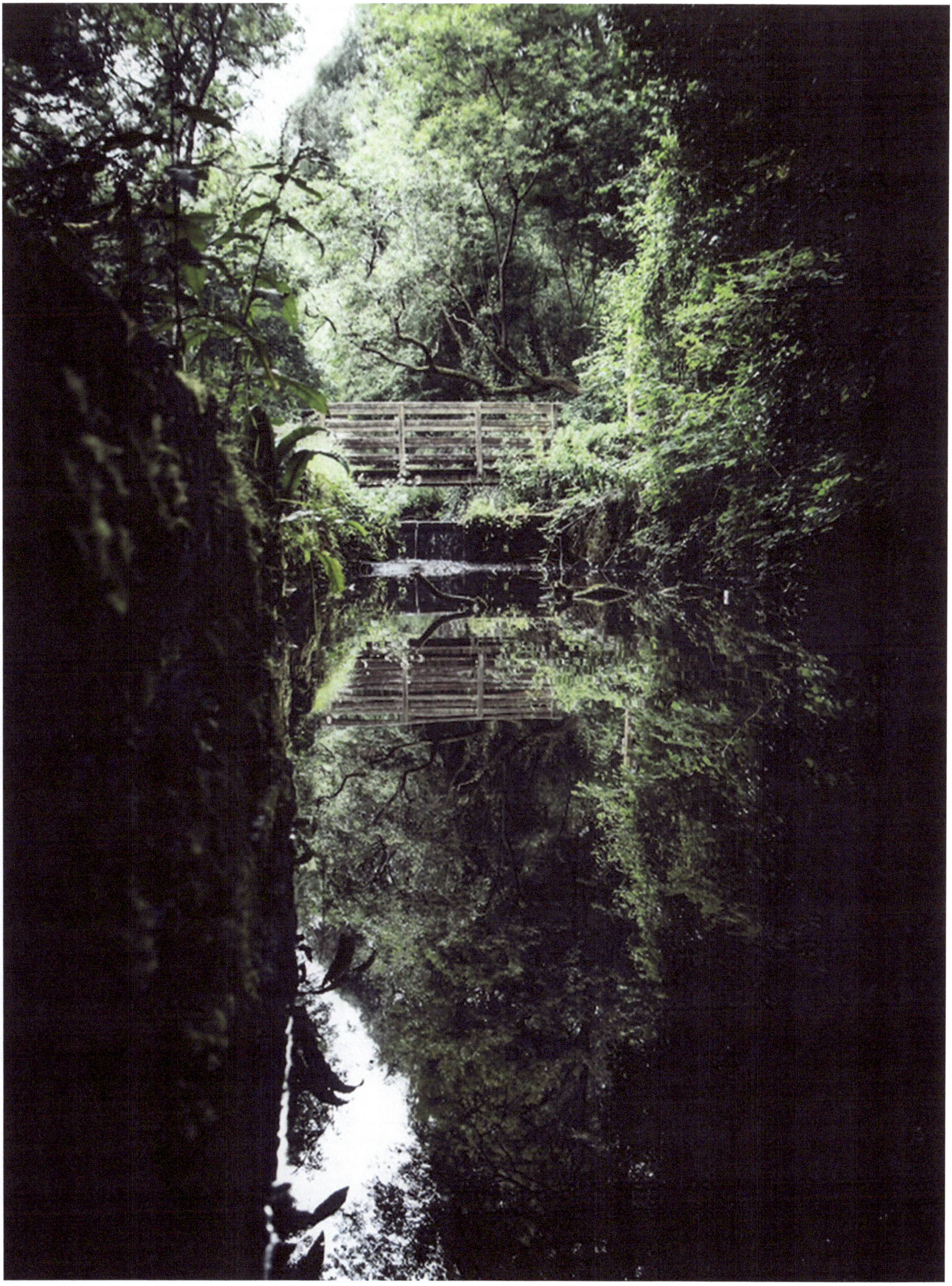

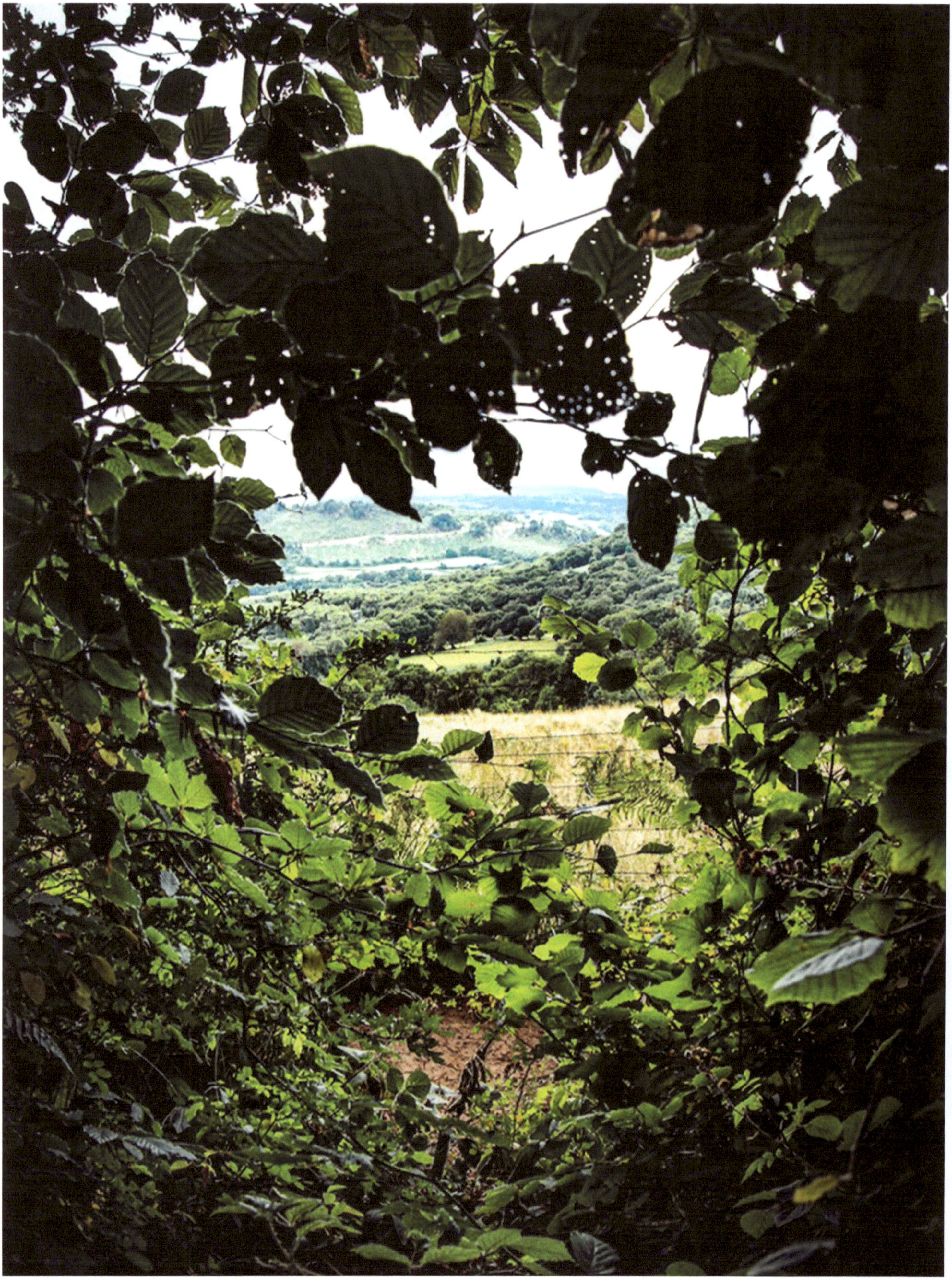

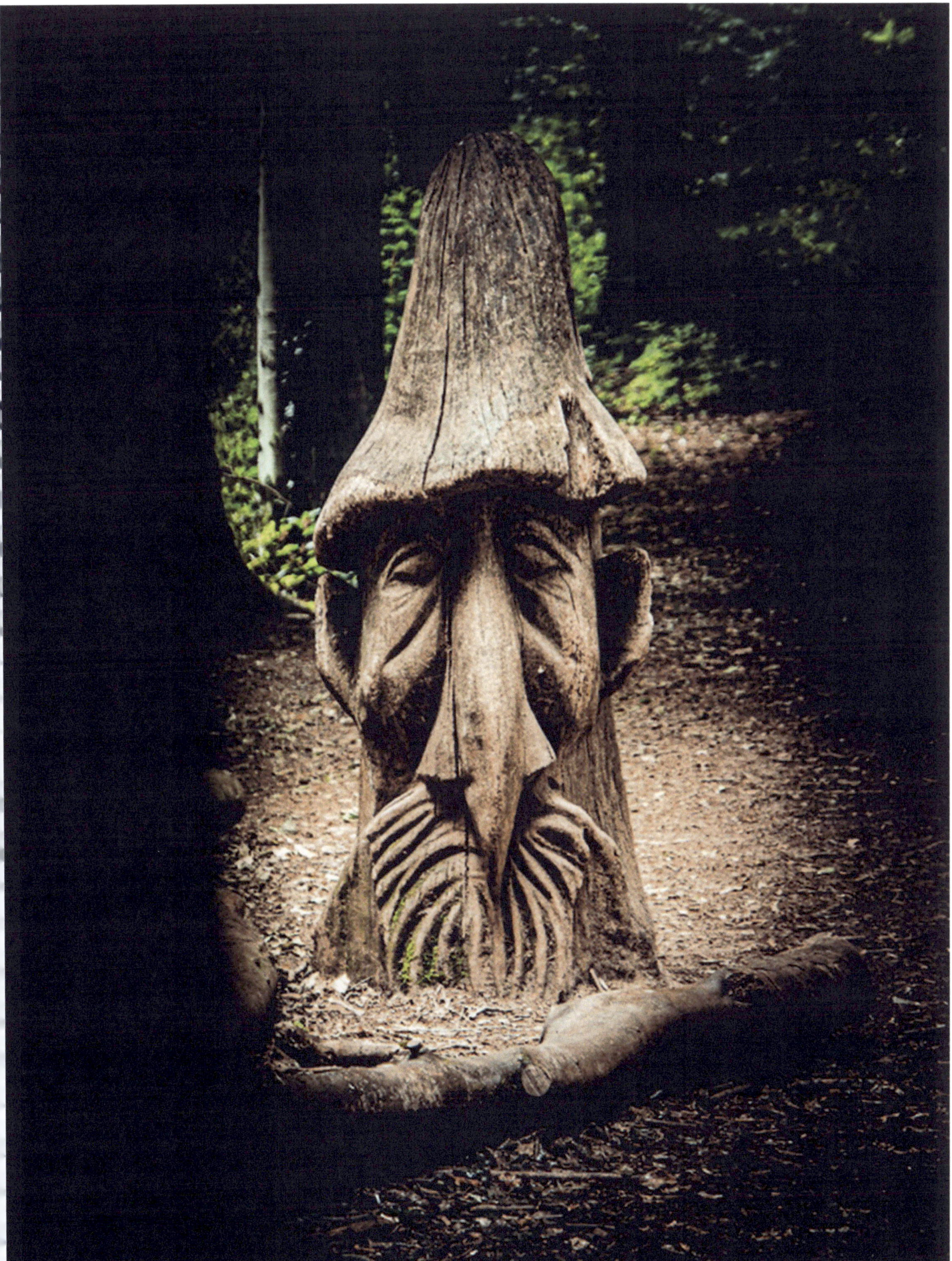

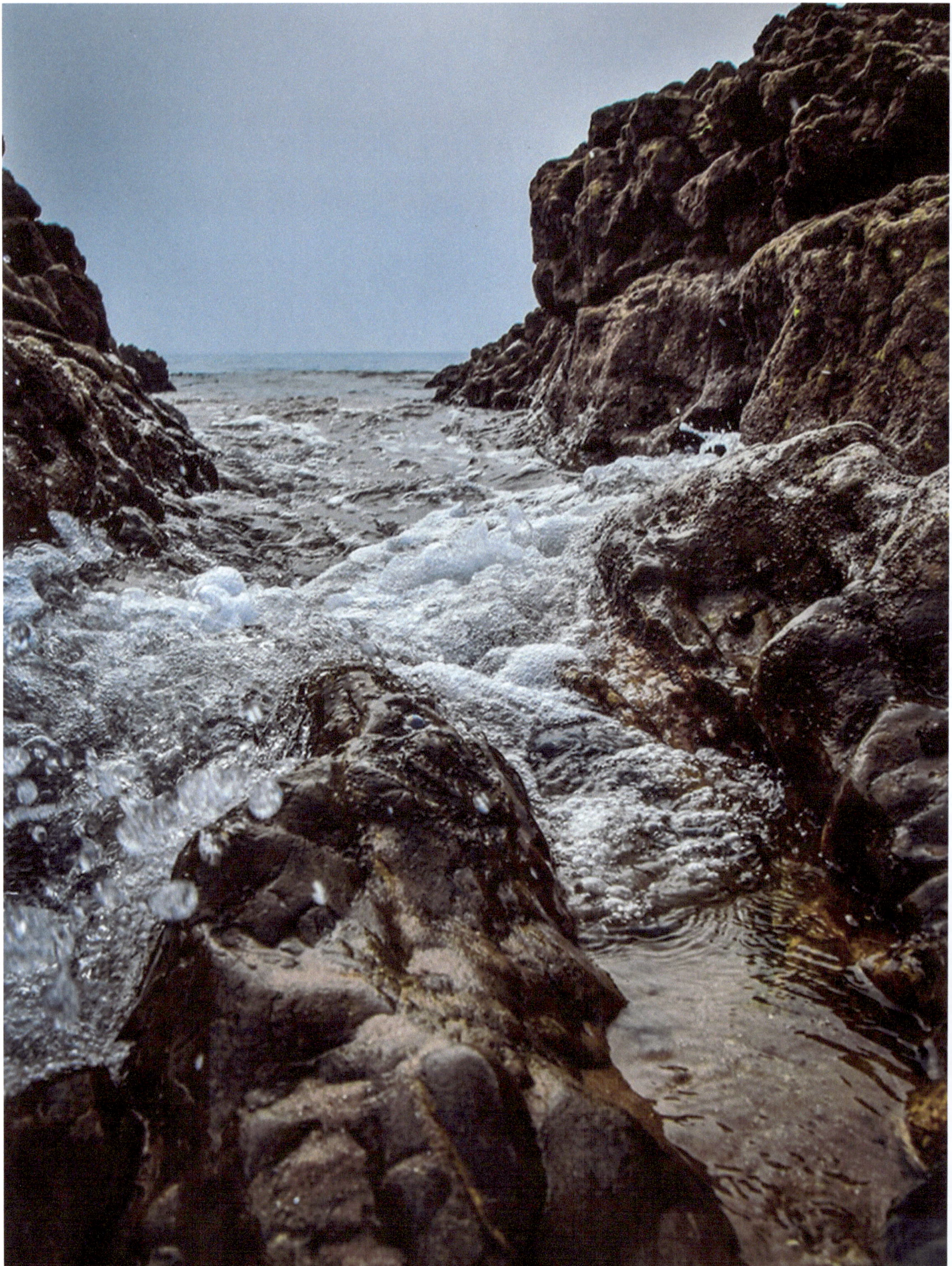

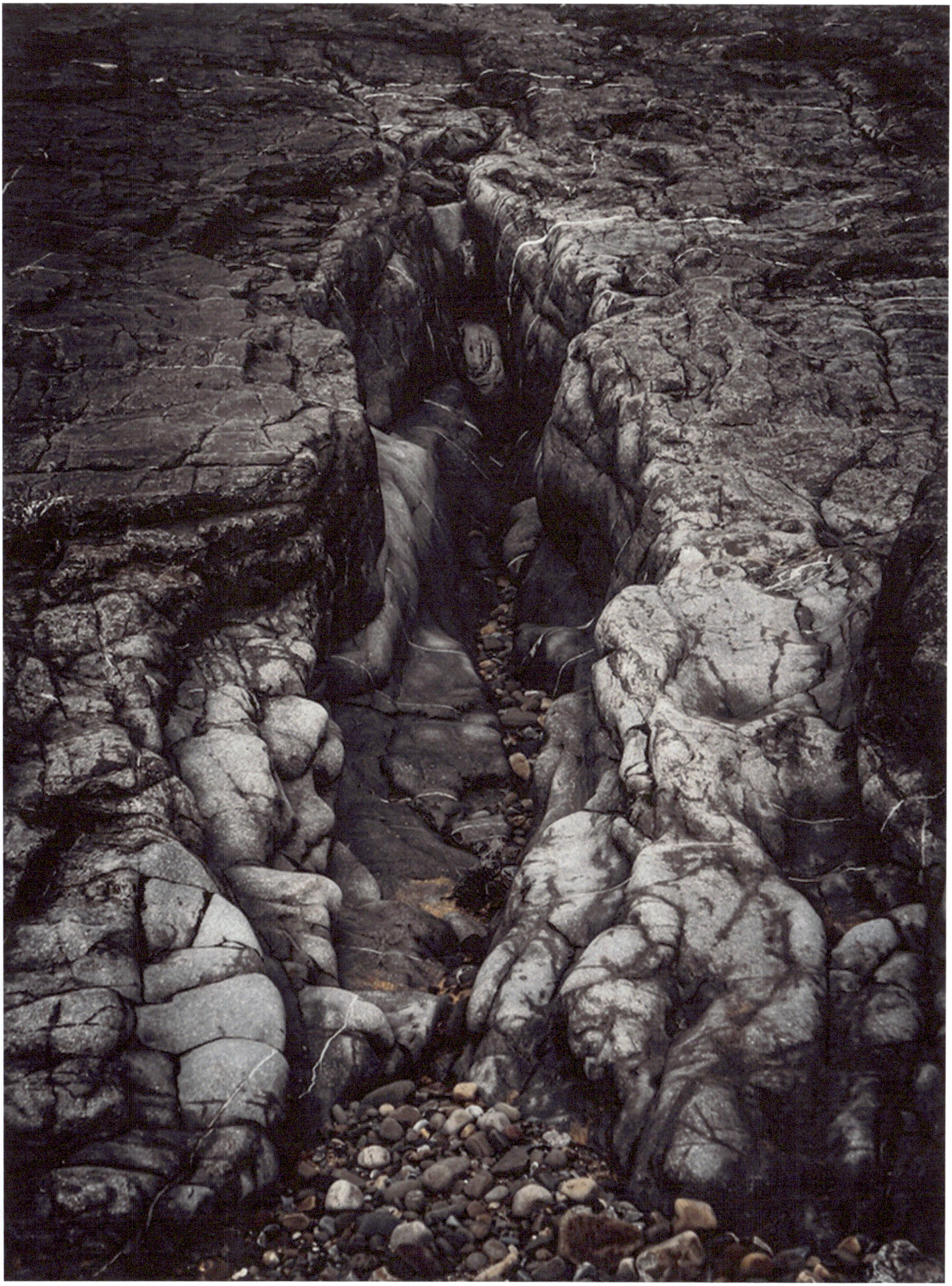

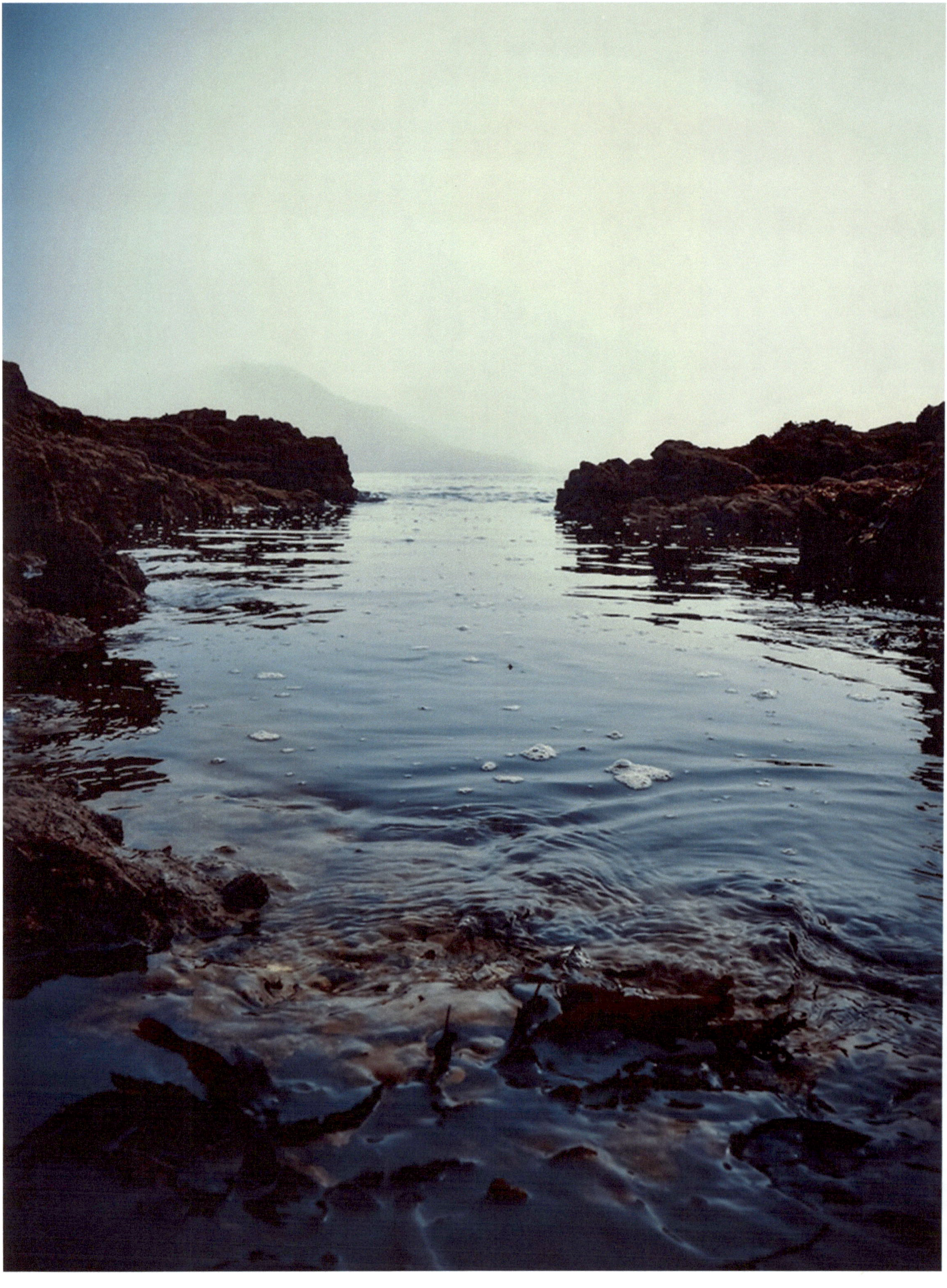

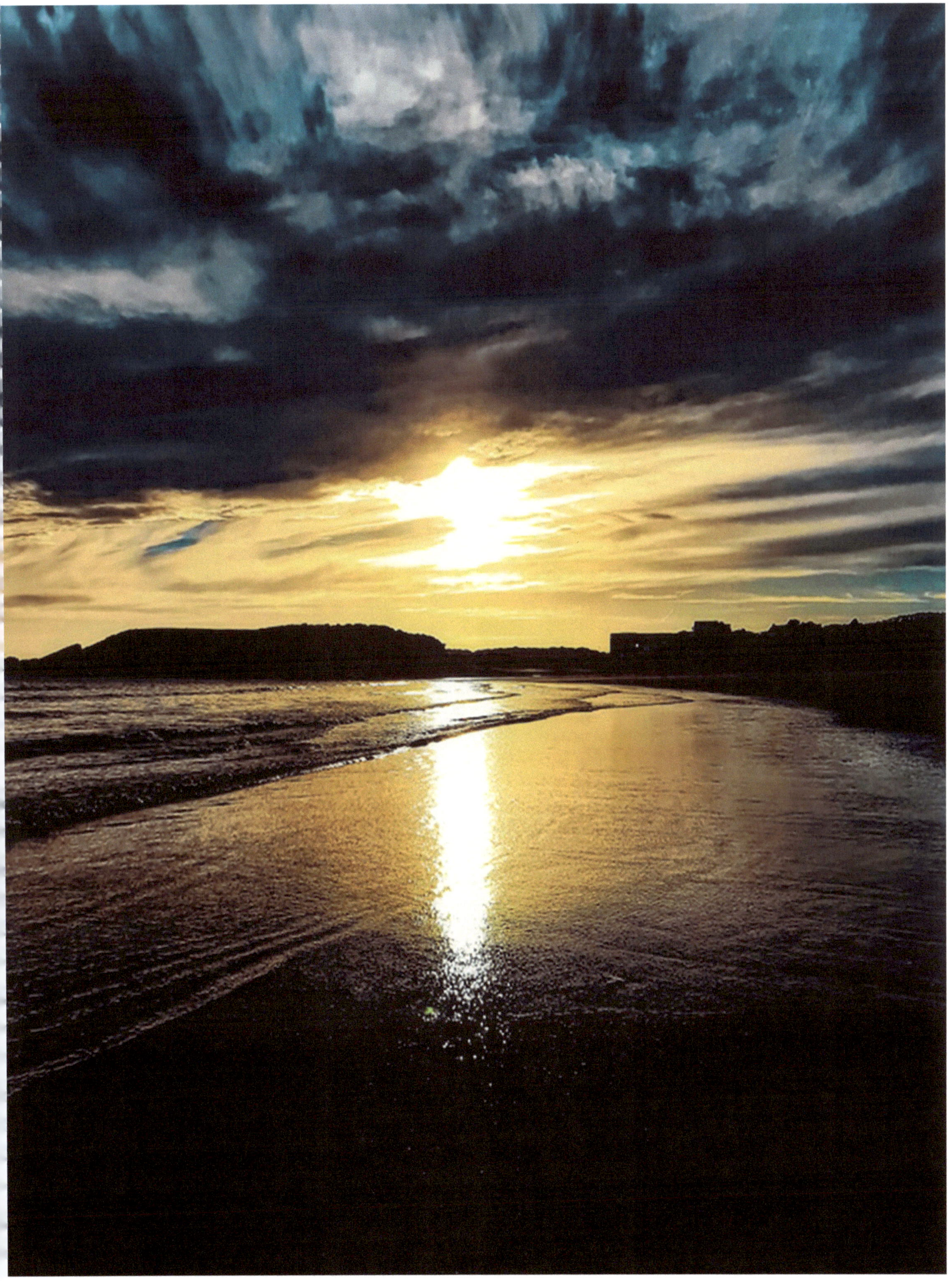

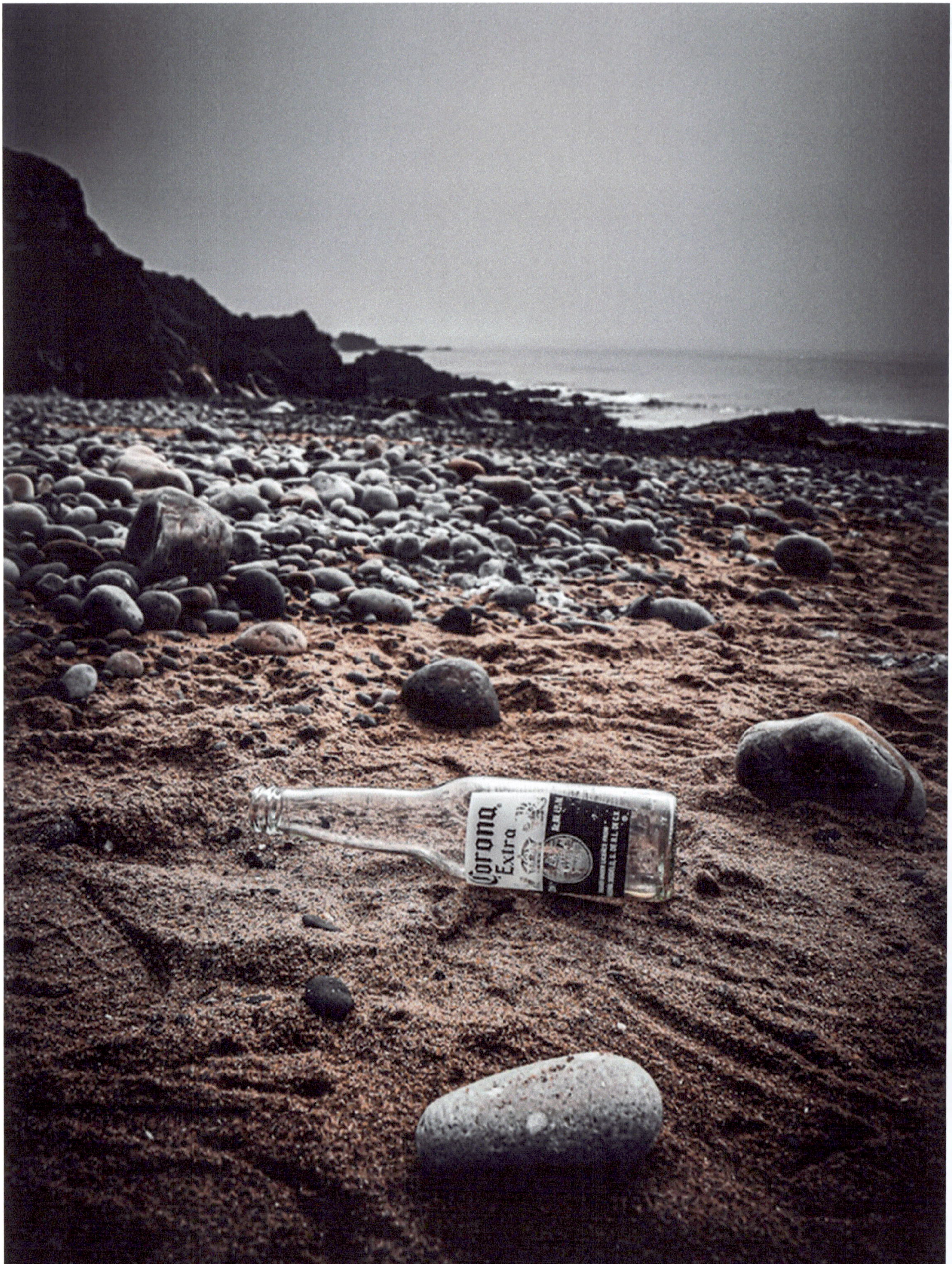
Corona Extra

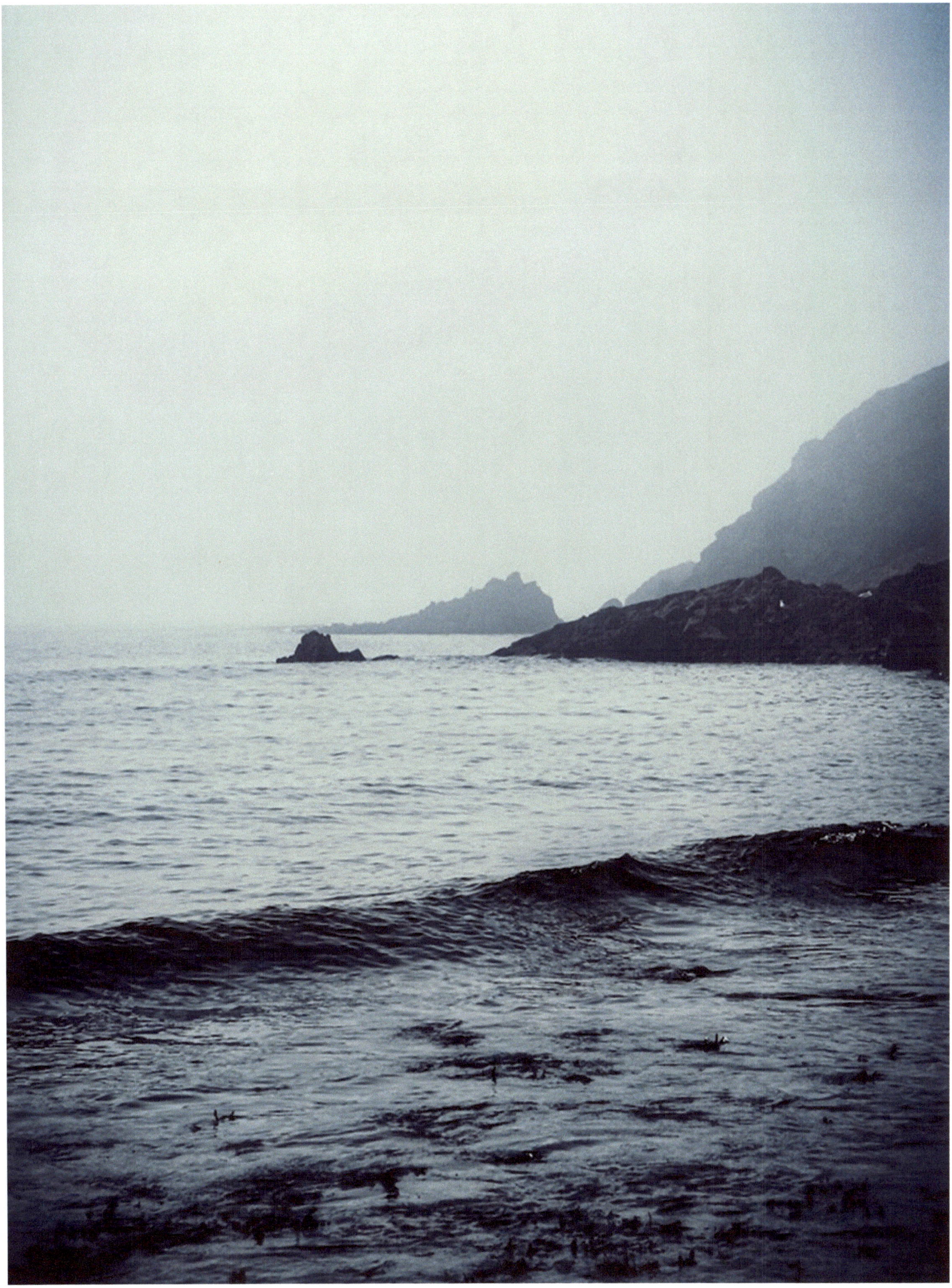

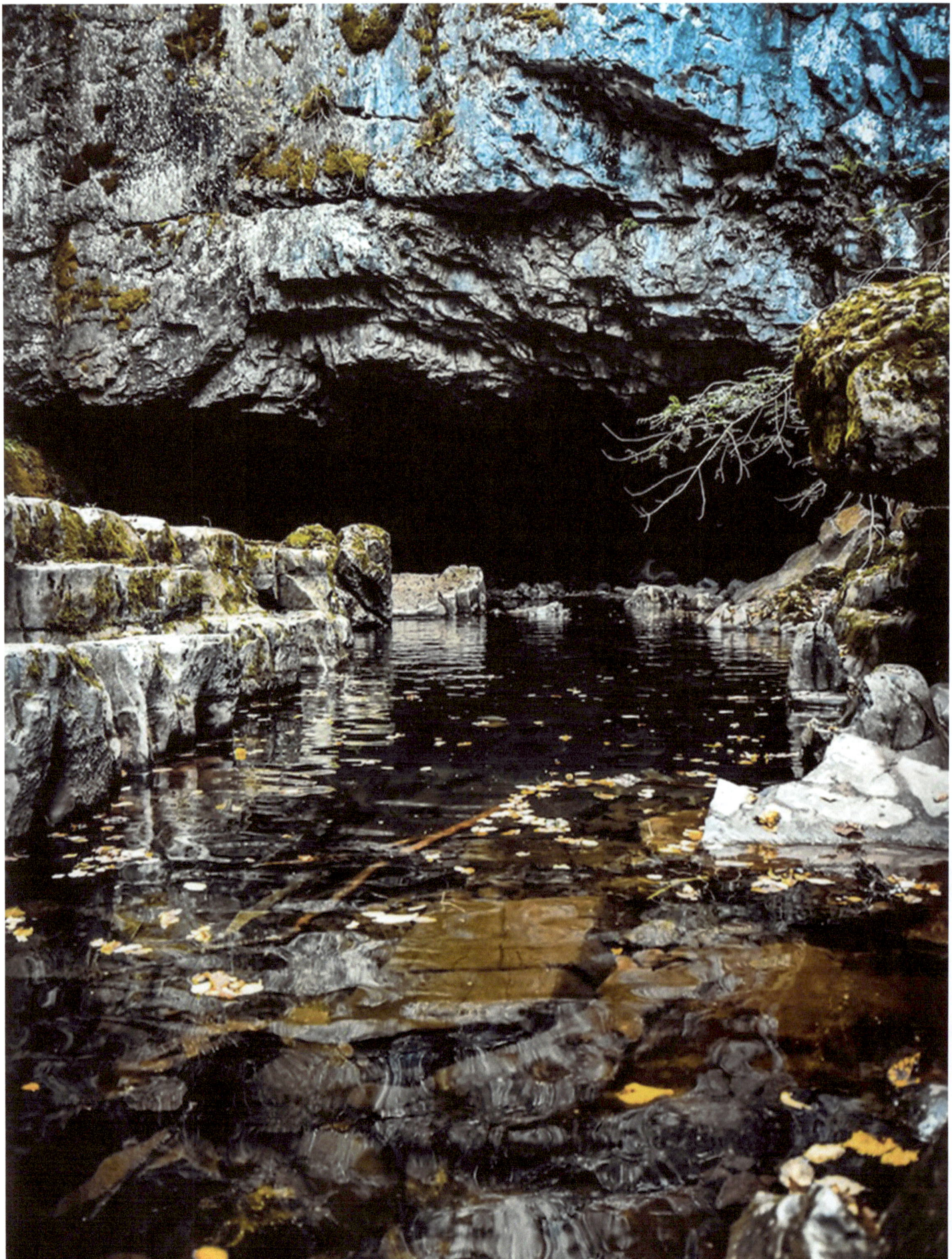

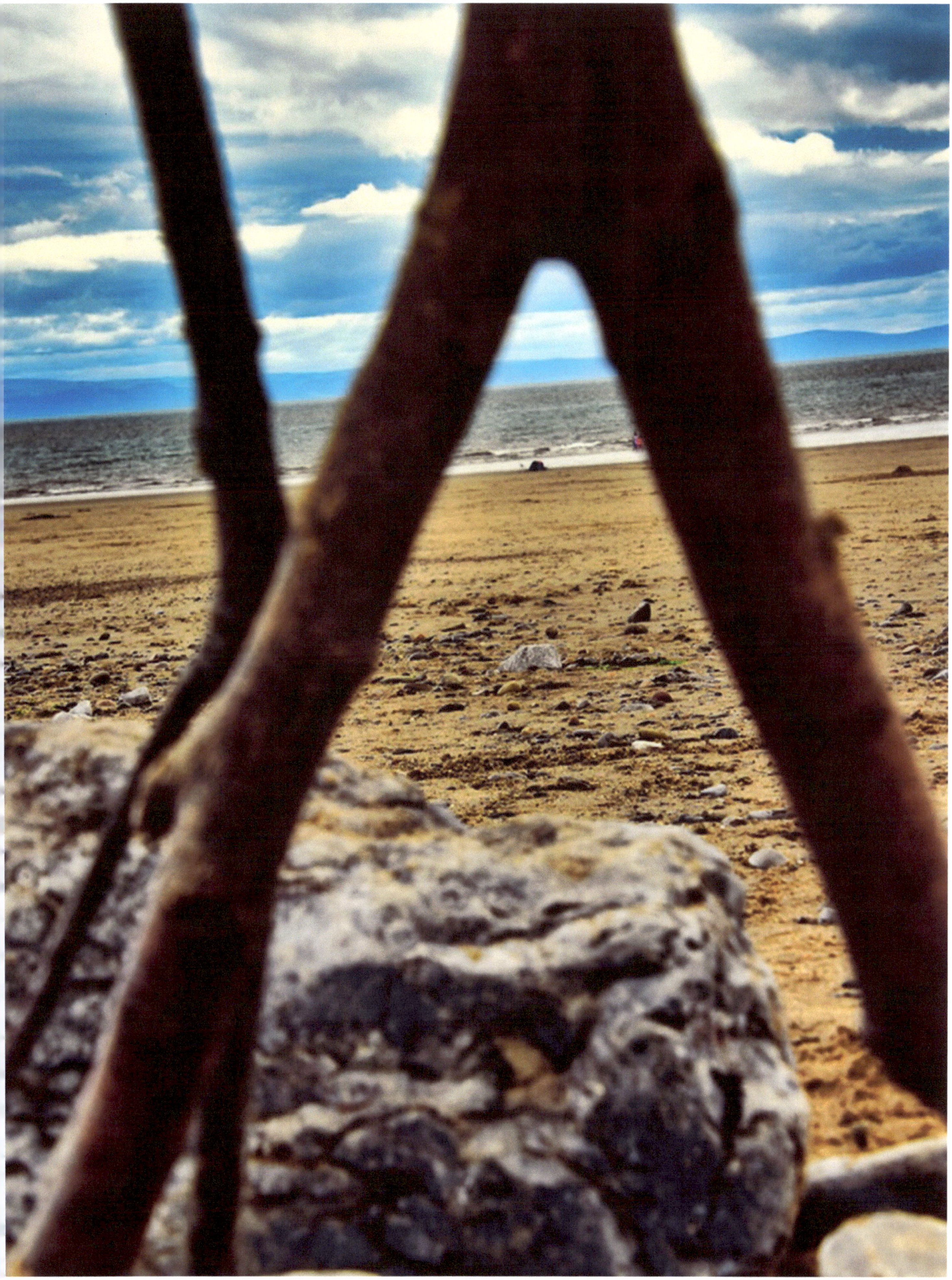

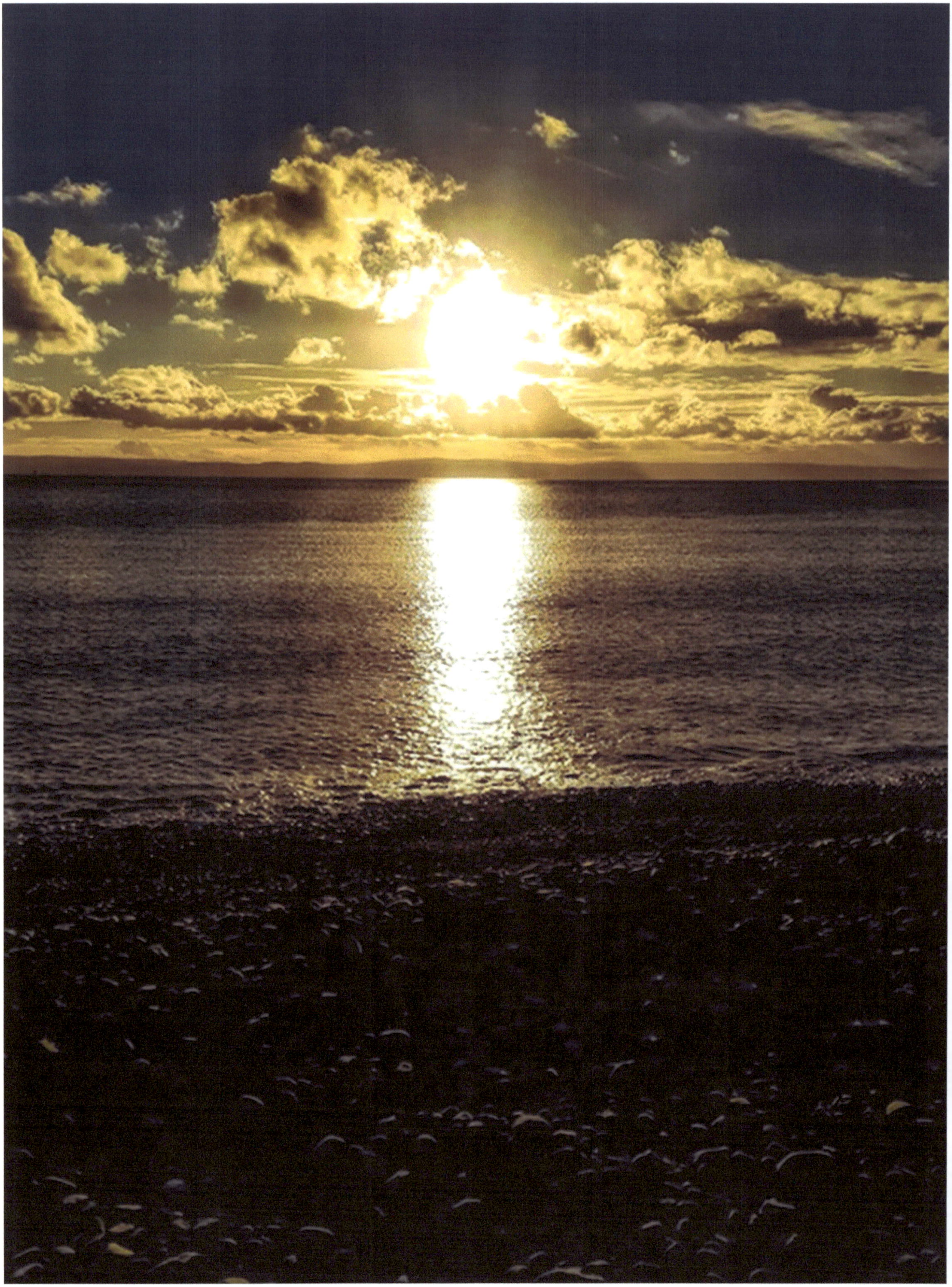

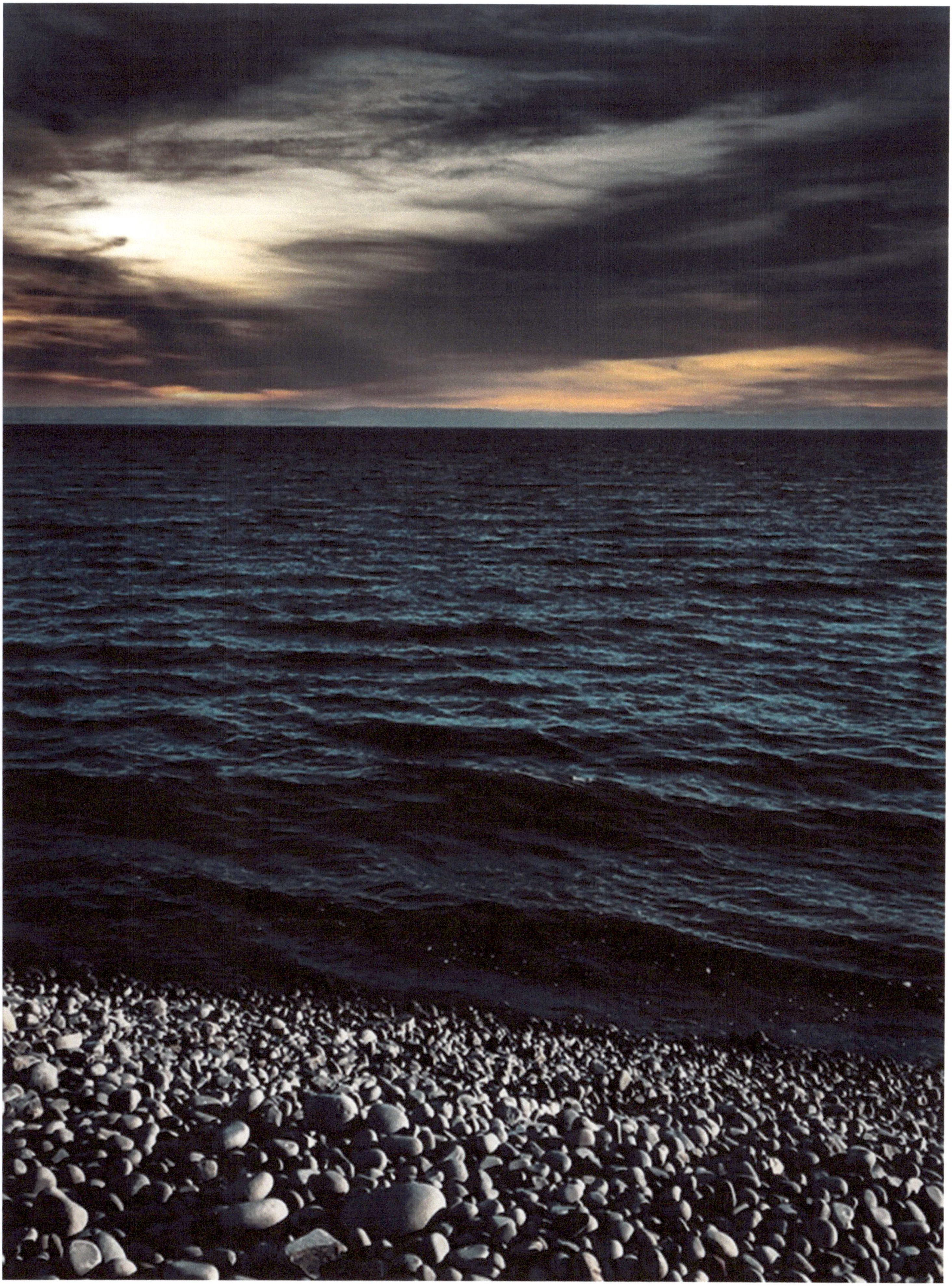

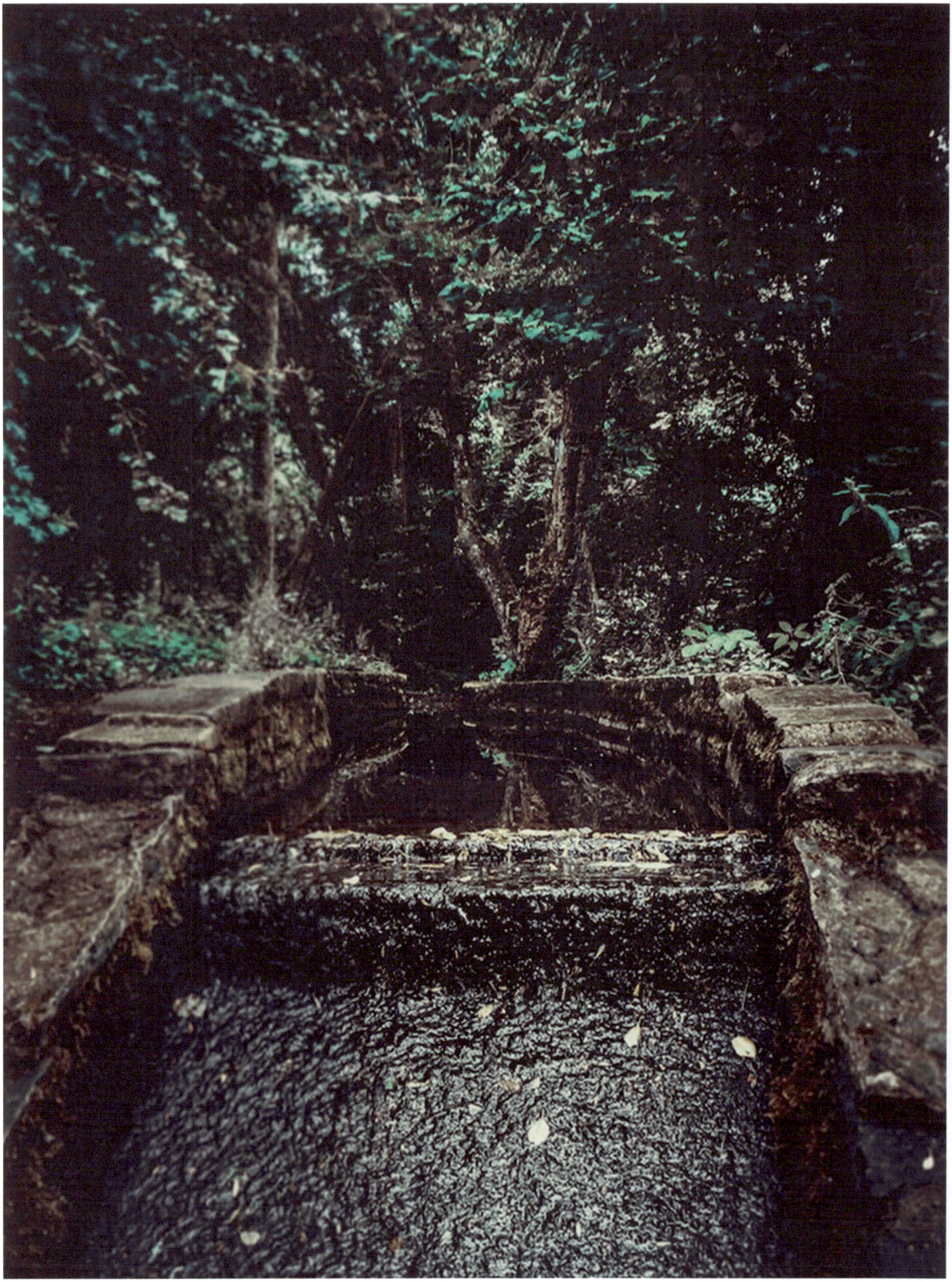

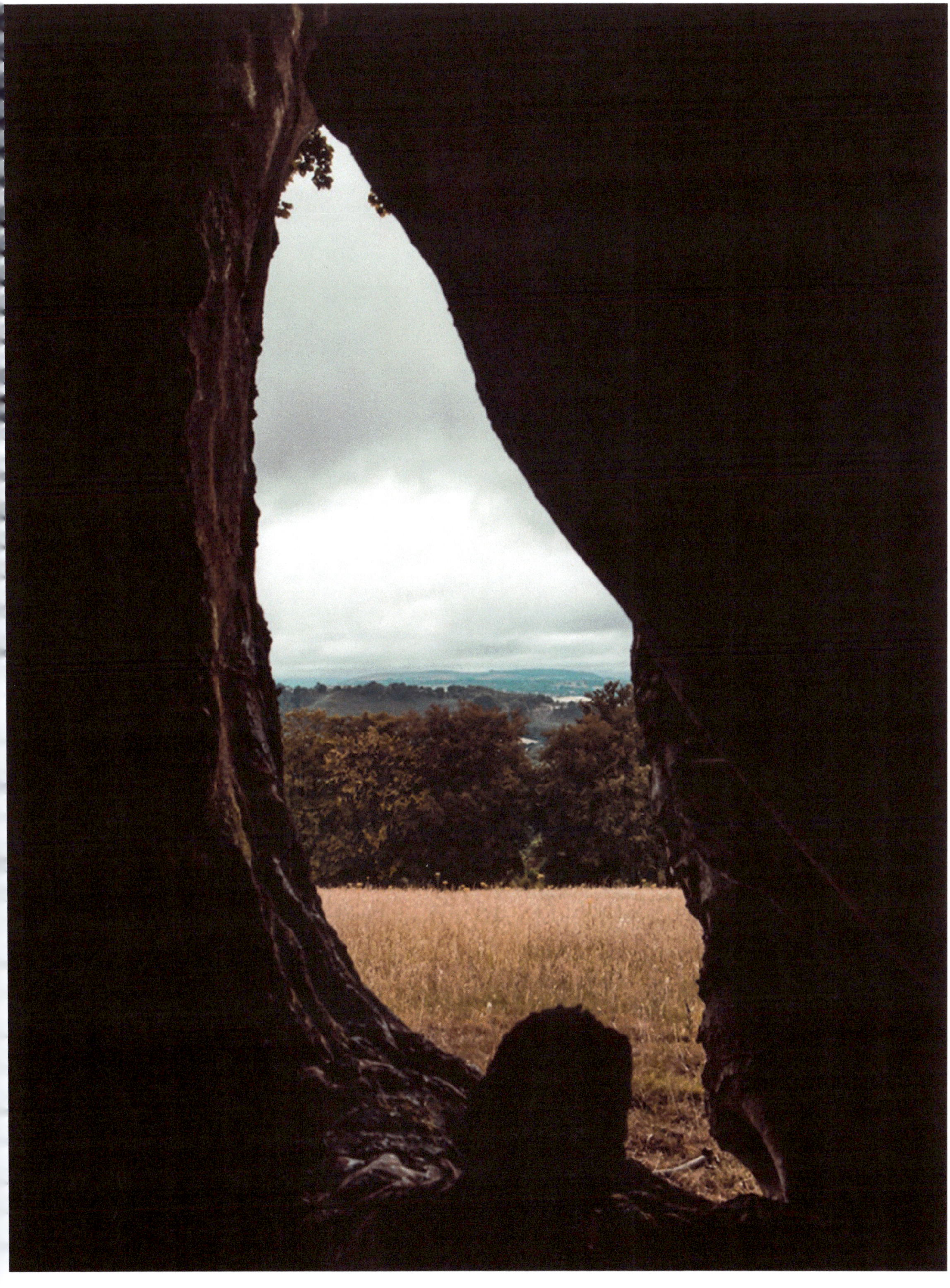

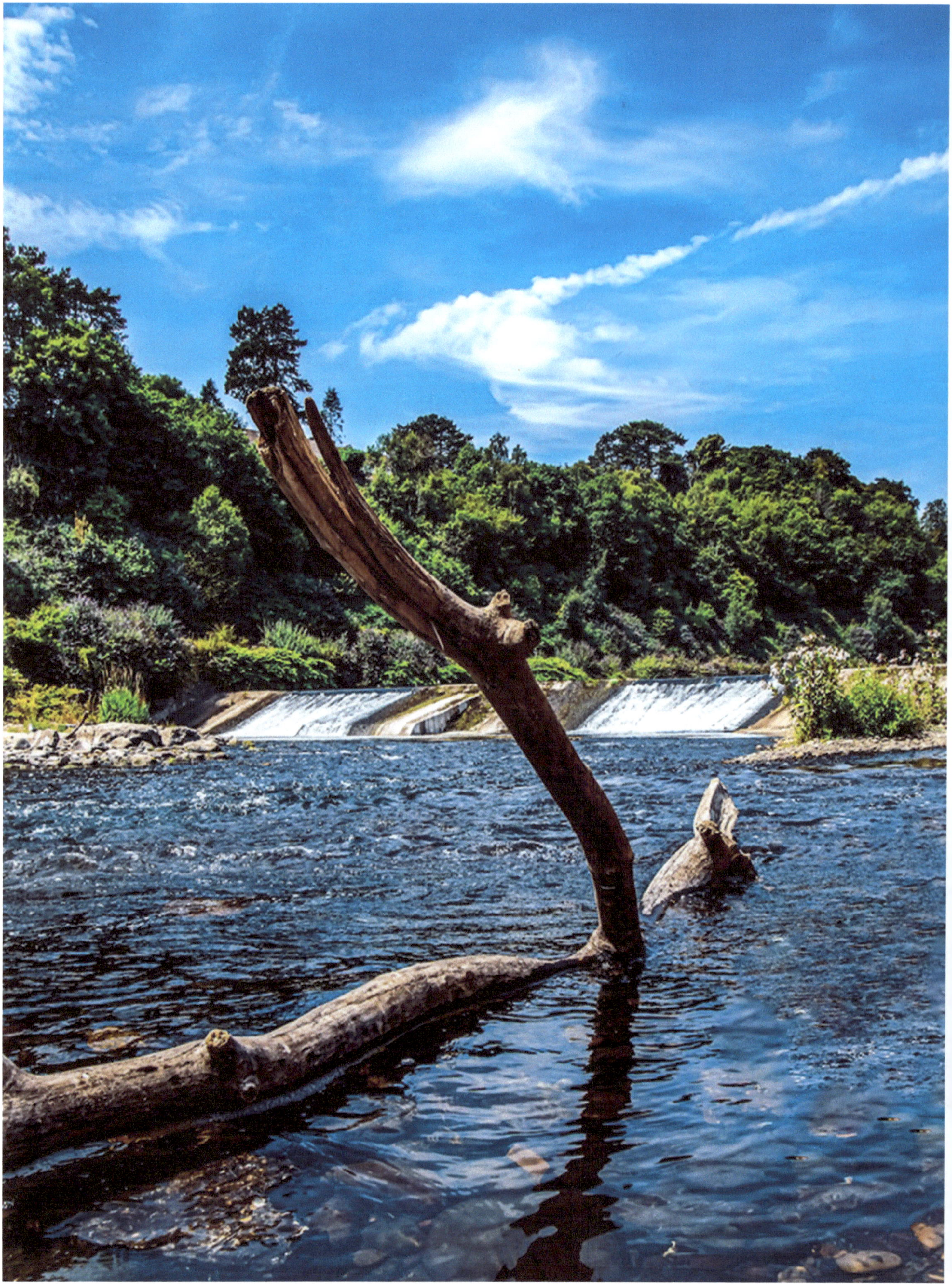

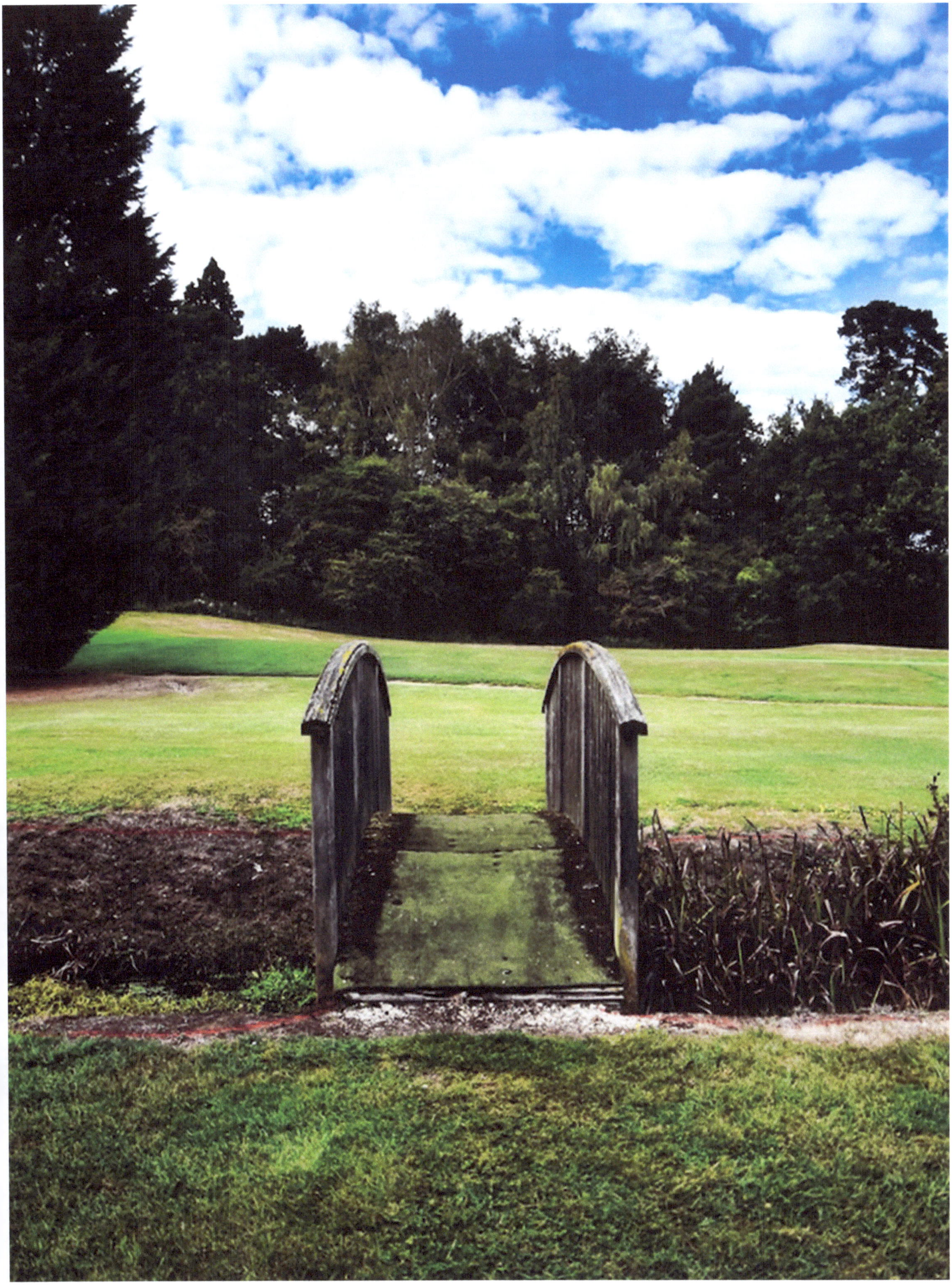

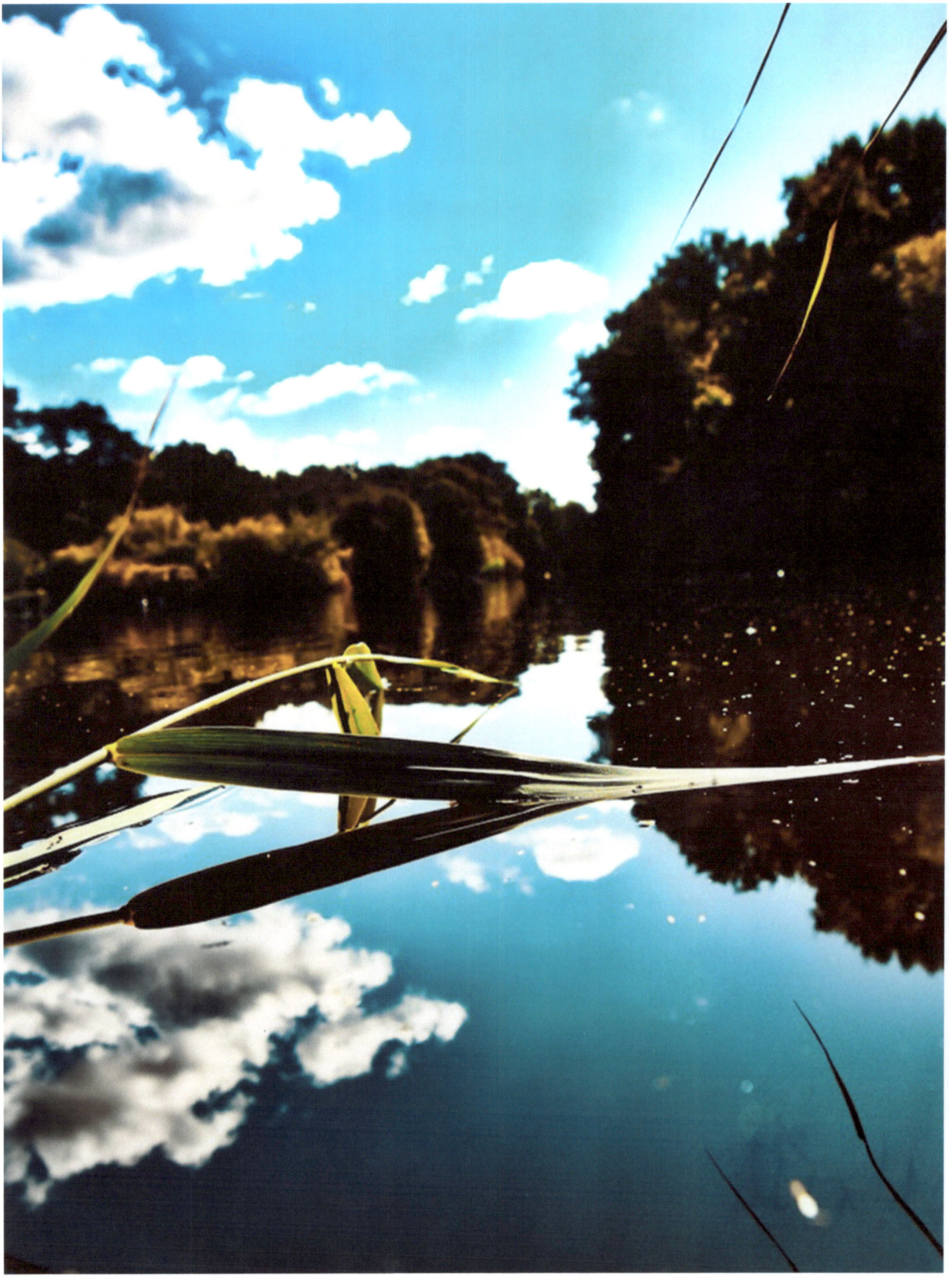

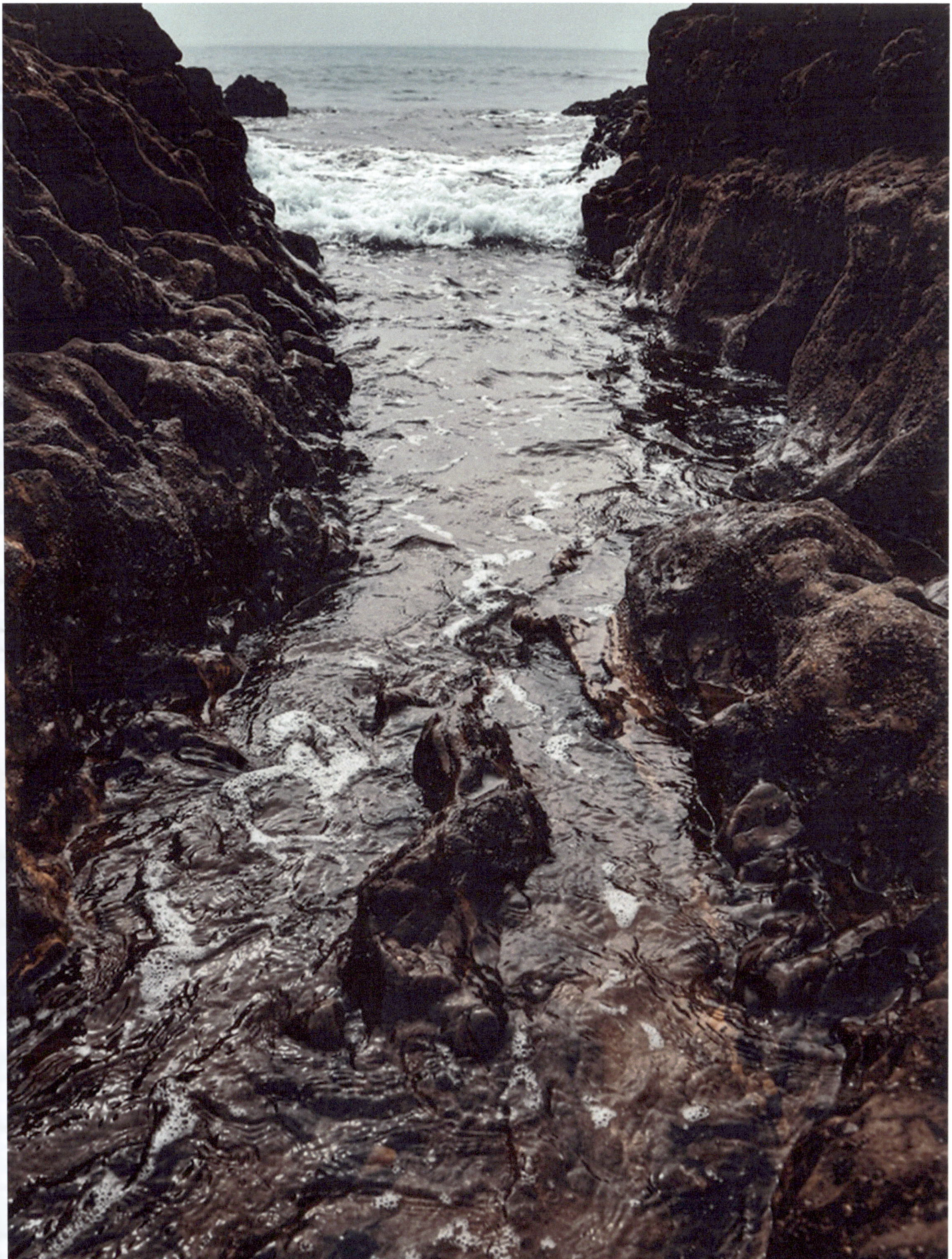

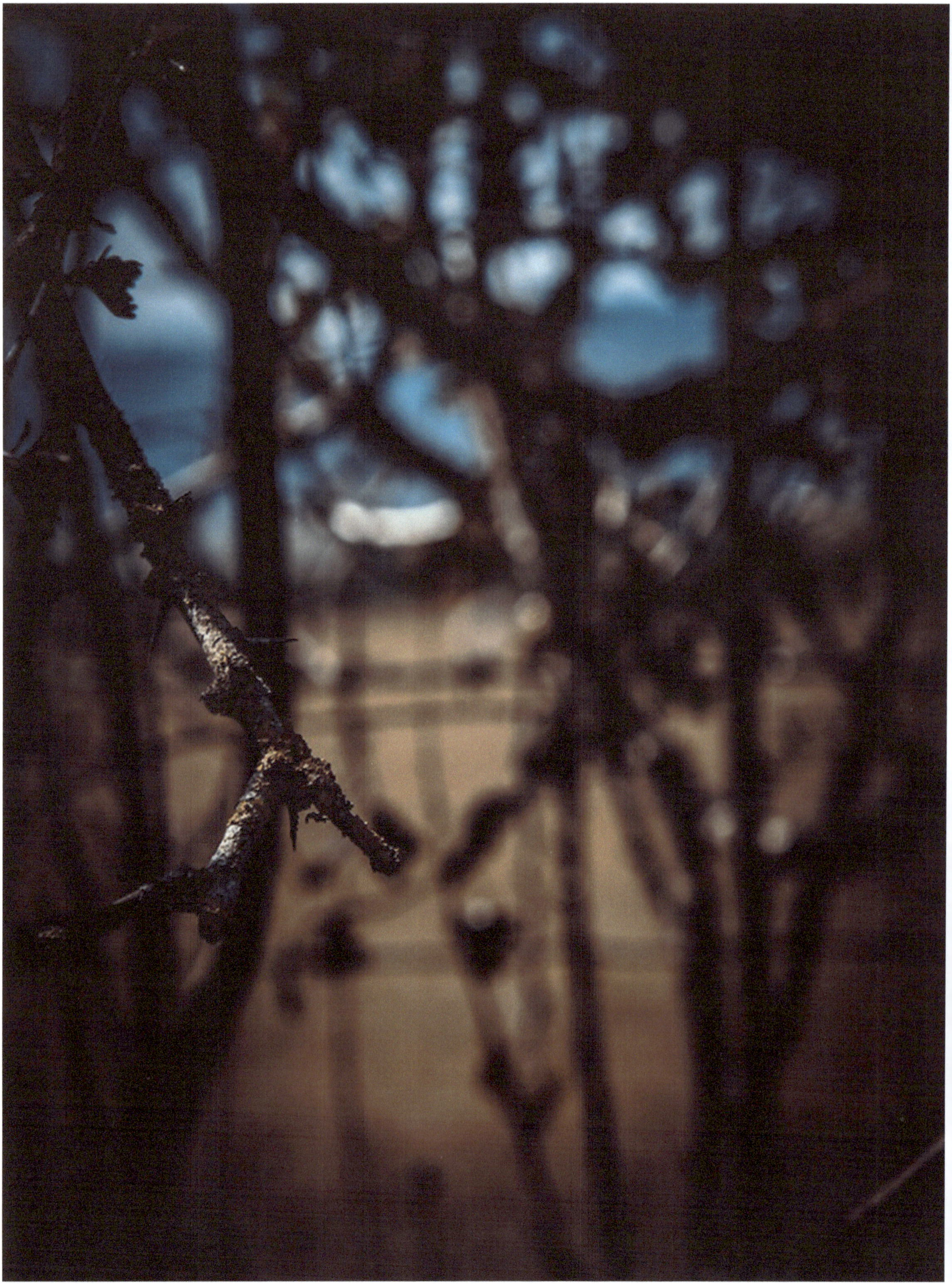

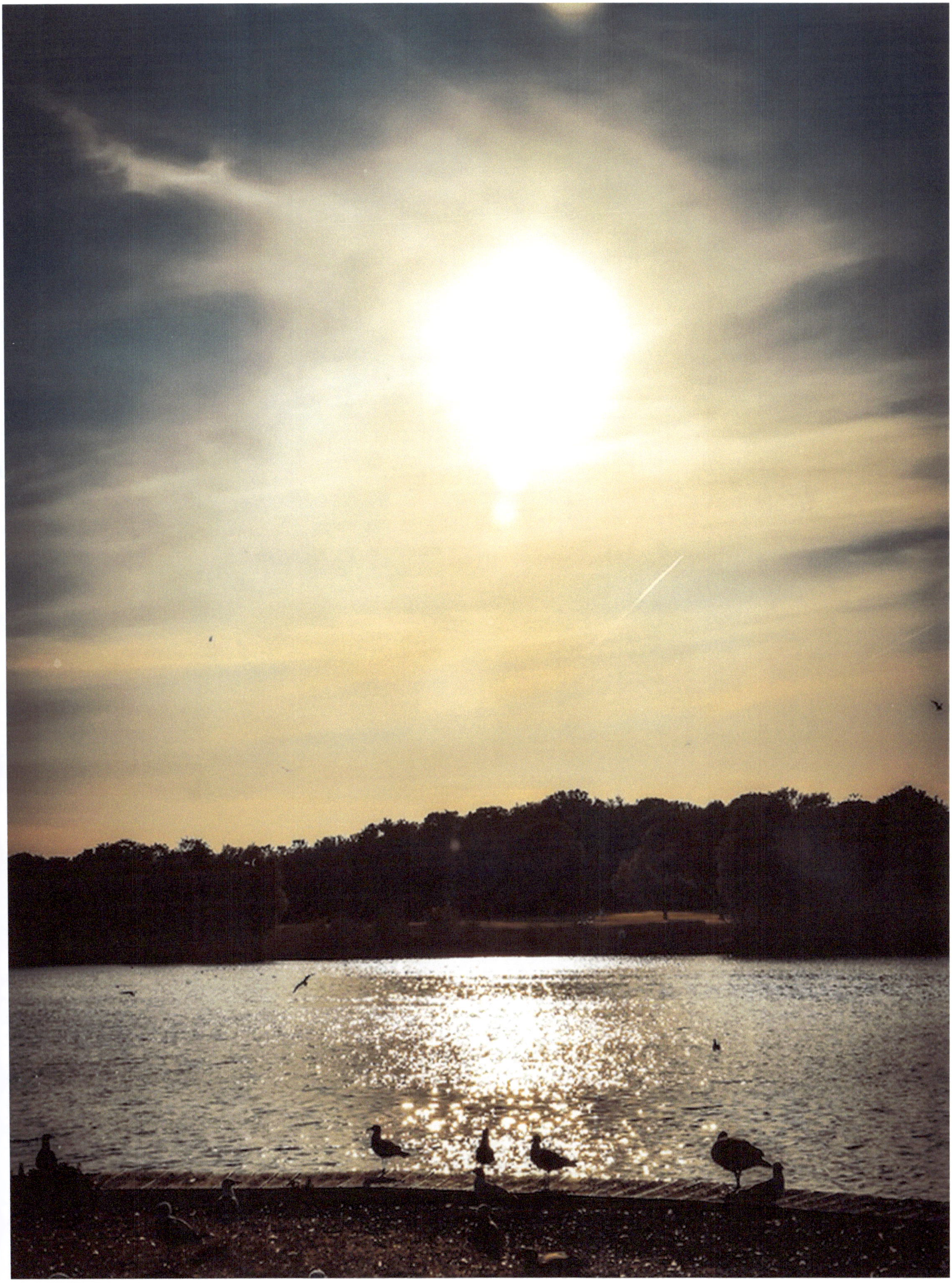

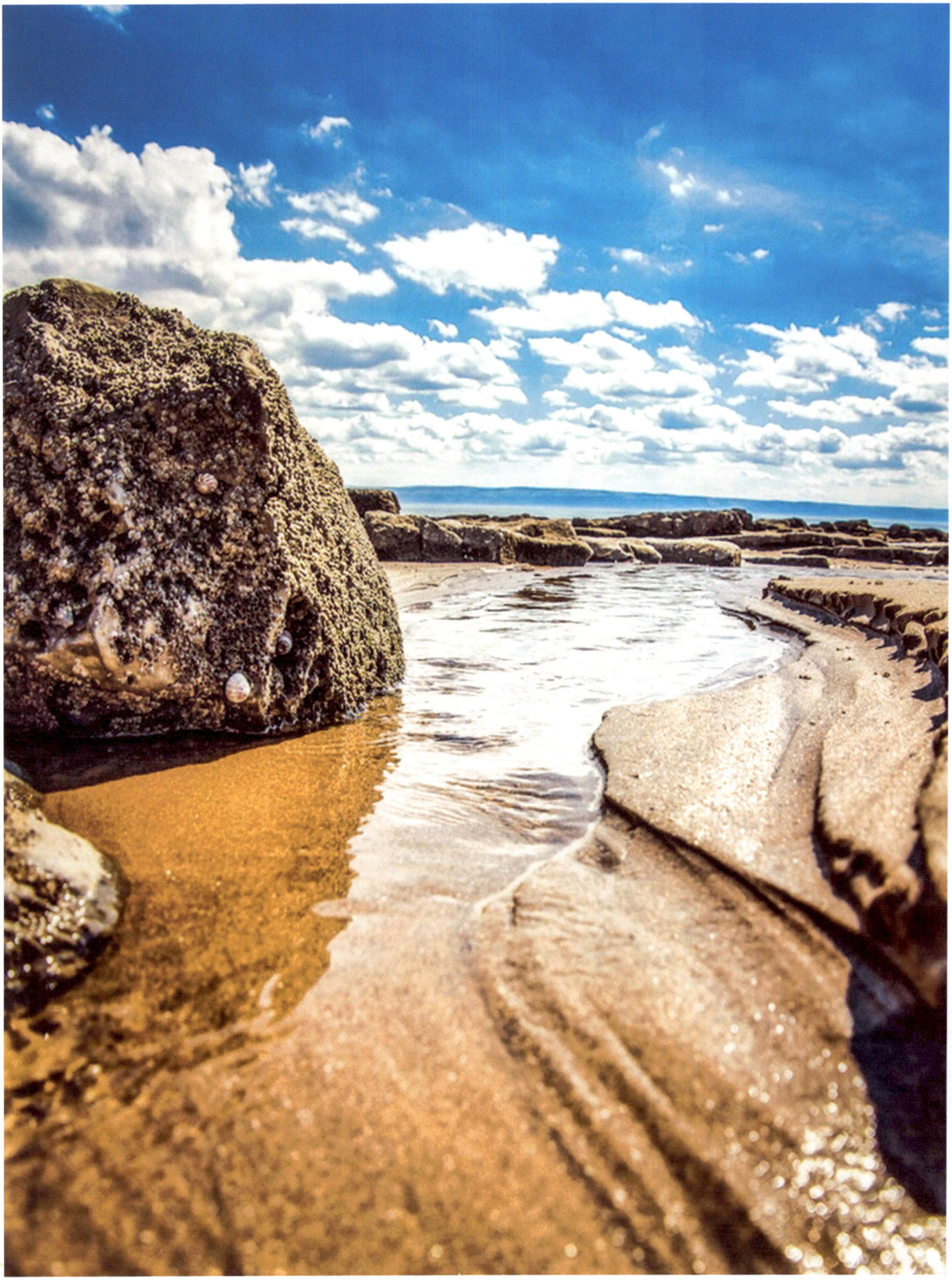

www.ingramcontent.com/pod-product-compliance
Lightning Source LLC
Chambersburg PA
CBHW041527280526
45792CB00004B/1403
* 9 7 9 8 8 6 7 4 1 2 7 9 1 *